Emp

© 沢渡あまね、石山恒貴、伊達洋駆

A ライフステージ				退職者
B プロセス	10 昇格／降格／役割変更	11 休職(育休・傷病・出向ほか)／復職	12 オフボーディング	13 退職後リレーション
C 体験機会	10-1 適性見きわめ 10-2 試験 10-3 結果通知 10-4 メンタリング 10-5 周囲の理解	11-1 職場周知 11-2 休職前オリエン 11-3 休職中コミュニケーション 11-4 休職手続き 11-5 復職前面談 11-6 復職手続き 11-7 メンタリング 11-8 周囲の理解	12-1 退職面談 12-2 退職条件決定 12-3 職場周知 12-4 引き継ぎ 12-5 退職前インタビュー 12-6 退職手続き	13-1 退職後コミュニケーション 13-2 アルムナイコミュニティ活動 13-3 再雇用

良い人材を惹きつける従業員体験のつくりかた

EX ジャーニー

Employee Experience

沢渡あまね（さわたり あまね）／ 石山恒貴（いしやま のぶたか）／
伊達洋駆（だて ようく）

Employee Experience Journey MAP

技術評論社

▶ はじめに

そろそろ、良い組織創りのための対話をしよう

　企業や組織に対して個人が持つ印象は、日々のちょっとした出来事によって形作られます。

　「面接官の態度がどことなく上から目線。失礼な会社だな……」

　「カジュアル面談に行った翌日、一方的に不採用通知が送られてきた。なにこれ、感じ悪い……」

　「手続きやコミュニケーションがことごとくアナログ。入社してからもいろいろと面倒が多そうだ……」

　「オープンな社風を謳っている会社なのに、いざ入社してみたら上意下達が物凄かった……」

　「退職者を"裏切り者"扱いする風土。それって、今どきどうなんだろう……」

　これらはいずれも、企業組織や部署に対する個人のネガティブな体験を示すフレーズの一例です。

　従業員が、その企業で働くことによって得られる体験や経験を、従業員体験、EX（Employee Experience）と言います。

　類似の言葉に、顧客体験、CX（Customer Experience）があります。CXとは企業が顧客にもたらす体験や経験全般を指す言葉で、世界の多くの企業がCX向上に取り組んでいますが、世界ではCX同様にEXを重視する企業も増えています。たとえば、米国Airbnb社は、専任部署を立ち上げてEXの向上に取り組んでいるほどです。

日本でも近年、EX の改善や向上に関心を持つ企業が増えてきました。EX をおろそかにすると、前述のように個人の組織に対する悪いイメージが形成され、その組織に対するエンゲージメント（帰属意識や愛着など）を下げ、協力者や理解者、すなわちファンを遠ざけてしまうからです。

　その背景には、人材流動性の高まり、リモートワークや週 3 日勤務、副業など働き方や組織とのかかわり方の多様化、労働力確保などさまざまな要因が絡み合っています。

　「より良い職場、より良い仲間との、より良い仕事を通じて自己成長とキャリア自律を実現したい」

　人生 100 年時代と呼ばれる昨今、個が主体的に良いキャリアを築き、ひいては良い人生を歩んでいくためにも、職場でどんな経験・体験を得ることができるか、すなわち EX はきわめて重要なのです。

ワークエンゲージメントが低くストレスが高い国、日本

　組織で働く私たちのワークエンゲージメント向上やストレス軽減、ひいてはウェルビーイング（well-being：個人が肉体的、精神的、社会的に満たされた状態を示す言葉）向上の観点でも、EX を良くする取り組みは不可欠です。

　次の 2 つの図をご覧ください。2024 年 6 月に私たちが開催したイベントで、石山恒貴先生が解説してくれた図です。

　図0-1 は、米国ギャラップ社が実施した 2023 年のワークエンゲージメント国際比較の結果です。日本のビジネスパーソンの仕事に対するエンゲージメントは、まあお寒い状況であることが伺えるでしょう。

　エンゲージメントは低くても、ストレスが低ければ良しとする考え方もあ

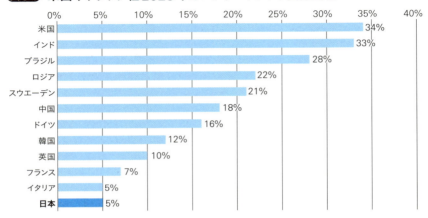

図0-1 米国ギャラップ社2023年のエンゲージメント国際比較

国	%
米国	34%
インド	33%
ブラジル	28%
ロシア	22%
スウェーデン	21%
中国	18%
ドイツ	16%
韓国	12%
英国	10%
フランス	7%
イタリア	5%
日本	5%

出所) GALLUP (2023) State of the Global Worklace 2023 Report THE VOICE OF THE WORLD'S EMPLOYEES

るかもしれません。ところが、日本人の働くストレスは、なんと国際比較で上位レベル（**図0-2**）。この調査結果から、日本はワークエンゲージメントが低くストレスが高い国と読み取ることができます。

なんとも切ないではありませんか！
この悲しく切ない状況、そろそろなんとかしませんか。

私たちの日々の仕事に対するエンゲージメントもストレスも、経営や人事部門が規定する制度や環境によるものももちろんですが、私たちが日々仕事をする職場での体験による部分が大なりです。いわば、半径5m以内での出来事や環境による要因が大きいのです。EXは、経営陣や人事部門だけが頑張れば良くなるものでもありません。広報、情報システム、経理、購買など人事以外の管理部門はもちろん、現場のマネージャー、ひいては私たちビジネスパーソン1人1人もEXの良し悪しを左右する当事者なのです。

004

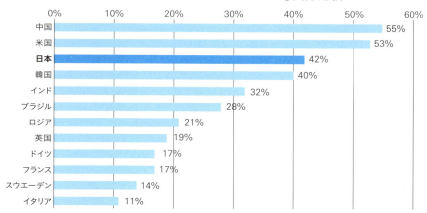

図0-2 米国ギャラップ社2023年の「日常のストレス」国際比較

国	%
中国	55%
米国	53%
日本	42%
韓国	40%
インド	32%
ブラジル	28%
ロシア	21%
英国	19%
ドイツ	17%
フランス	17%
スウェーデン	14%
イタリア	11%

- ◆日本 ➡ エンゲージメントは低く、ストレスは高い
- ◆米国 ➡ エンゲージメントは高いが、ストレスも高い
- ◆フランス・イタリア → エンゲージメントは低いが、ストレスは低い

出所) GALLUP (2023) State of the Global Workplace 2023 Report THE VOICE OF THE WORLD'S EMPLOYEES

良い組織、良いEXを創るためには共通言語が必要

　EXが注目される一方、指針となるような共通の枠組み、すなわちフレームワークがない。そこに、私はもどかしさと課題を感じていました。意志ある人事担当者や経営者、あるいは事業部門の管理職や担当者が「より良いEXを実現しよう」「良い組織を創ろう」と奮起したとしても、何かしらの共通言語がなければ、組織内外での対話や合意形成に苦労します。組織の仲間、および外部の協力者と景色を合わせるには、何かしらの指標や道しるべがあったほうがいいのです。

「EX のフレームワークがない。ならば、自分たちで創ればいい」

そう思い、私は石山恒貴先生（法政大学 大学院 政策創造研究科 教授）、伊達洋駆さん（ビジネスリサーチラボ 代表取締役）にお声がけし、EX のフレームワークを創ろうと決起しました。そうして、三者の共創により生まれたのが、本書で紹介する EX ジャーニーマップです。

私たちは、この EX ジャーニーマップに 3 つの想いを込めました。

❶ EX の体系を創りたい
❷ 従業員にとどまらない職場体験、組織体験を広く定義したい
❸ 人事組織だけの取り組みにとどめたくない

❶ EX の体系を創りたい

前述のとおり、EX の重要性が叫ばれ、日本での注目度が高まってきてはいるものの、「これ」といった共通の枠組みがない。その状況を何とかしたい。

良い EX を創るための対話をするための共通言語を提示したい。

そう考えました。

❷ 従業員にとどまらない職場体験、組織体験を広く定義したい

本書で示す EX および EX ジャーニーマップは、個が従業員になる前段階や後行程、具体的には生活者としてその企業や組織に接する体験機会や、退職後の体験機会もカバーしています。なぜなら、EX は在職中に形成されるものとは限らないからです。

休職者や退職者に対する、組織の悪気ない塩対応（冷淡なふるまいなど）が、当事者のその企業に対する体験価値を損ない、エンゲージメントが下がったり、その企業の悪評が広まる。いずれも珍しくありません。

また、EX は正社員だけにより形作られるものでもありません。組織も仕事も、派遣社員、契約社員や複業者（パラレルワーカー）、社外のビジネスパートナーなど、正社員以外の人たちとの共創で成り立っています。多様な人たちと共創し、成果を出していけるようにするためにも、EX を従業員に閉じるのではなく、組織内外のさまざまな関係者すなわちステークホルダーにどのような体験をもたらすかも想定して読み進めていただけるようなマップに仕上げました。

　なお、EX の対象を従業員以外に広げた考え方を PX（People Experience）と呼ぶこともありますが、私たちは話し合いを重ねた結果、あえて EX と呼ぶことにしました。世界の認知の状況を勘案しても、EX のほうが伝わりやすいと考えたためです。

❸ 人事組織だけの取り組みにとどめたくない

「EX は人事部門だけが取り組めばいい」

「現場や一般社員は関係ない」

　このように、EX に対して他人事、いや EX なる概念すら知らない人事部門以外の人たちも多く存在します。しかしながら、EX は人事組織の人たちだけが頑張れば良くなるものでもありません。会議や商談など日常のビジネスにおける何気ない所作やプロセス、採用活動における現場のマネージャーの面接官としてのふるまい、さらには日々のコミュニケーションの仕方やツールなど、あらゆる体験が EX を良くも悪くもするのです。言い換えれば、EX はその組織に関わるすべての部署、すべての人により創られるものなのです。

　良い EX を創るためには、人事部門あるいは組織や仕事を良くしたい思いのある人が、組織内のさまざまな関係者と対話し、共感者を得ながら各々のフィールドで工夫や改善を重ねる……その繰り返しと積み重ねが求められま

す。人事部門など、だれか 1 人だけに押しつけていて、良い EX など創出することはできません（押しつけられた担当者の EX がネガティブなものになるでしょう）。

本書の構成と味わい方

本書は、大きく以下の 3 つのパートで構成されています。

①EX ジャーニーマップ
②EX とほほエピソード
③体験機会の解説

①EX ジャーニーマップ
　生活者、候補者、従業員、退職者の 4 つのライフステージに沿い、EX を計 13 のプロセスに分類し、EX の体験機会および、EX が生じる企業組織と個の接点を網羅しました。
　すべての人が、すべてのプロセスを経るとは限りません。たとえば、その企業との関係は日常接点だけであり、入社候補者にもお取引先にもならない人もいます。その会社のことをよく知らず、いきなり従業員になってしまう人もいるでしょう。休職も転職も経験せず、新卒入社の企業を勤めあげる人もいます。
　このマップに示した、すべてのプロセスや体験機会を良くしようと考えるのではなく、「"おや？"と思ったところから」「問題だと思ったところから」アタリをつけてみてほしい。そうして、できるところからでも改善してみてほしい。そう思い、一覧が可能なマップにしてみました。
　各々の体験機会には、1-1、12-4 のように番号を振っています。「1-1 の改

善を検討しよう」「ウチの職場は 12 に問題がある。対策しよう」など、問題がある箇所の特定と改善に向けた対話や議論につなげていってください。

❷ EX とほほエピソード

とはいえ、普段慣れ親しんだ仕事の進め方、コミュニケーションの仕方、業務プロセスなどの問題に、私たちは悪気なく気づきにくいものです。

本書では、各章の冒頭に小説形式のストーリーを添えました。入社 3 年目、鮎沢双葉（あゆざわふたば）と、清水ゆい（しみずゆい）。彼女たちが職場で体験するとほほなエピソードを通じ、みなさんの身の回りにある、EX を悪気なく損なう慣習やプロセスに気づいていただけたらと思います。

なお、EX とほほエピソードは、沢渡あまねが書き下ろしました。いずれも実際にあった話をアレンジした、リアル果汁 100％のストーリーです。

❸ 体験機会の解説

13 のプロセスで分類した体験機会、それぞれの要点や改善ポイントを、3 人の筆者が解説しました。第 1 章、第 6 章、第 11 章は沢渡あまねが、第 2 章、第 3 章、第 4 章、第 5 章、第 13 章は伊達洋駆さんが、第 7 章、第 8 章、第 9 章、第 10 章、第 12 章は石山恒貴先生が、それぞれ執筆しています。3 者の共創により、現場での実践知とアカデミックな知見の双方を盛り込みました。

みなさんに、本書を片手に、各々の組織の役割分担および何ができるかを社内で対話し、共創してほしい。私たちはそう願っています。

なお、EX ジャーニーマップは、石山ゼミの修了生である本多陽子（ほんだようこ）さん、「こすぎの大学」メンバーの岡本克彦（おかもとかつひこ）さん、当社あまねキャリアの平野乃愛（ひらののあ）さんにも参画してもらい、当社の浜松・三ヶ日町のワーケーションオフィスで合宿をして集中討議、その後のミーティングとチャットによるコミュニケーションを重ねて作成し

ました。

「マップだけでも（書籍の執筆と刊行を待たずして）、共有知としていち早くお披露目したい」

そう思い、マップは技術評論社のサイトで 2024 年 5 月に先行公開、6 月にオンラインのお披露目イベントも開催し、良い組織を創りたい思いを持つ同士のみなさんに活用いただけるようにしました。マップは本書の巻頭にも掲載していますが、以下のサイトからもダウンロードいただけます。

https://sites.google.com/gihyo.co.jp/ex-design-event/

体系図を先行リリースし、書籍は後から刊行……このアプローチは技術評論社としてもはじめてとのことで、一緒に新たなチャレンジをしてくれた技術評論社の傳智之さんには深く感謝いたします。
　このEX ジャーニーマップを、みなさんが、いや、私たちとみなさんが一緒により良い組織、良い働く景色を日本に創っていくための、ふりかえり・対話・行動のためのツールとして活用いただければ幸いです。

2024 年初夏
あまねキャリア 三ヶ日ワーケーションオフィス（浜松市浜名区三ヶ日町）にて
沢渡 あまね

▲左から沢渡あまね、西舘聖哉氏（友情出演）、伊達洋駆さん、石山恒貴さん
　（天竜浜名湖鉄道 浜名湖佐久米駅にて）

▲EXジャーニーマップ検討合宿のひとコマ。石山ゼミ修了生 本多陽子さん、あまねキャリア 平野乃愛さん、
　こすぎの大学 岡本克彦さんを交えて
（あまねキャリア 三ヶ日ワーケーションオフィスにて）

011

登場人物紹介

本書では、各章の冒頭に小説形式のストーリーを添えました。入社3年目、鮎沢双葉(あゆざわふたば)と、清水ゆい(しみずゆい)。彼女たちが職場で体験するとほほなエピソードを通じ、みなさんの身の回りにある、EXを悪気なく損なう慣習やプロセスに気づいていただけたらと思います。

鮎沢 双葉
(あゆざわふたば)

とある地方都市の中堅製造業、駒門精密(こまがたせいみつ)に新卒で就職した入社3年目の社員。地元の安定企業に勤め、仕事にも職場にも大きな不満はなかったが、清水ゆいの誘いでメガベンチャー企業、ヒルガノフーズ 事業推進部に転職することに。好きな言葉は「急がば回れ」。

ヒルガノフーズ関係者

多賀 竜王（たがたつお）

ヒルガノフーズ 事業推進部の部門長。前職もメガベンチャーとのこと。ジェントルで、中途入社の双葉をたびたび気にかけてくれてはいるものの、プロセス創りは苦手な様子。現場丸投げ気質も気になる。なにより終日会議だらけで、メンバーが会話を仕掛ける隙がない。

上里 みどり（かみさとみどり）

ヒルガノフーズ コーポレート・マーケティング部 部門長。創業メンバーの1人。仕事はできるが、オールドスタイルなコミュニケーションと、ヒステリックな性格が、ゆいをたびたびモヤモヤさせる。課長の土山は、上里とのコミュニケーションはあきらめてしまっている様子。多賀と同様、会議三昧でとにかくつかまらない。

清水 ゆい（しみずゆい）

双葉の学生時代からの友人。新卒で急成長スタートアップ企業を経験。200名に届く勢いのところで、ヒルガノフーズ コーポレート・マーケティング部に転職（ジョイン）。持ち前のスピードと突破力でガンガン突き進むものの、ある時から「いまのままで、いいのだろうか？」と自問自答するように。好きな言葉は「当たって砕けろ」。

013

CONTENTS

はじめに

そろそろ、良い組織創りのための対話をしよう ……………………………… 000

ワークエンゲージメントが低くストレスが高い国、日本 …………………… 003

良い組織、良い EX を創るためには共通言語が必要 ……………………… 005

本書の構成と味わい方 ……………………………………………………… 008

登場人物紹介 ………………………………………………………………… 012

PART 01 日常接点

EXとほほエピソード　3年目社員 鮎沢双葉のゆううつ ……………… 024

体験機会

1-1 製品・サービス体験 ……………………………………………………… 027

1-2 各種メディア ………………………………………………………………… 028

1-3 従業員や関係者のふるまい ……………………………………………… 029

1-4 地域での風評 ……………………………………………………………… 031

1-5 商談・商取引 ……………………………………………………………… 032

1-6 社会貢献活動 ……………………………………………………………… 034

1-7 ファミリーデー …………………………………………………………… 036

1-8 業務ツールの選び方 ……………………………………………………… 037

1-9 看板 …………………………………………………………………………… 037

COLUMN　6つのブランディング活動 …………………………………… 039

PART 02 応募／募集

EXとほほエピソード 「カジュアル面談」が微塵もカジュアルでなくガチだった件… 044

体験機会

- **2-1** 企業サイト・採用サイト …… 049
- **2-2** SNS …… 050
- **2-3** エージェントの紹介 …… 050
- **2-4** リファラル …… 051
- **2-5** カジュアル面談 …… 052
- **2-6** インターンシップ …… 053
- **2-7** ダイレクトリクルーティング …… 054
- **2-8** 会社説明会 …… 055
- **2-9** OB・OG訪問 …… 056
- **2-10** 職場見学 …… 056
- **2-11** 応募手続き …… 057
- **2-12** 採用担当者の対応 …… 058
- **COLUMN** RJP（リアリスティック・ジョブ・プレビュー） …… 059

PART 03 選考

EXとほほエピソード
スタートアップ勤務 清水ゆいが転職活動で垣間見たJTCの衝撃 …… 062

体験機会

- **3-1** 面接 …… 066
- **3-2** リファレンスチェック …… 070

3-3	適性検査	070
3-4	口コミ	072
3-5	トラブル発生時のサポート	073
3-6	福利厚生	074
COLUMN	ワークサンプルテスト	075

PART 04 採用／入社準備

EXとほほエピソード 転職をキメた双葉、その先に待ち構えていたモヤモヤ ……078

体験機会
4-1	採用通知	080
4-2	条件交渉	081
4-3	入社前インストラクション	082
4-4	入社手続き	083
4-5	周囲の理解	083
4-6	キャリア開発	084
COLUMN	予期的社会化	086

PART 05 オンボーディング

EXとほほエピソード 雑すぎる受け入れ …………090

体験機会
| 5-1 | 入社時オリエン | 094 |

5-2	配属時オリエン	095
5-3	アサインメント	096
5-4	入社後フォローアップ	097
5-5	メンタリング	098
5-6	業務サポートの仕組み	099

COLUMN　プロアクティブ行動 ………………………………………101

PART 06　業務遂行

EX とほほエピソード　権限不明、ルート不在からの相談先迷子 …………104

体験機会

6-1	意思決定プロセス	108
6-2	ワークスタイル（変革）	110
6-3	コミュニケーション	110

COLUMN　多方向との対話は、組織風土を健全に保つための保安システム ……114

6-4	事務間接業務（の煩雑さ）	115
6-5	執務環境・IT環境	115
6-6	業務改善	116
6-7	コミュニティ	116

COLUMN　社内のカスハラにも要注意 ………………………………118

能力開発／人材育成

EXとほほエピソード　育成への投資を渋る組織 ……………………… 122

体験機会

- **7-1** 能力開発計画 ……………………………………………………… 128
- **COLUMN** 個人別能力開発計画の例 ………………………………… 129
- **7-2** OJT ……………………………………………………………… 131
- **7-3** OFF-JT …………………………………………………………… 132
- **7-4** フィードバック …………………………………………………… 133
- **7-5** 周囲の理解 ……………………………………………………… 134
- **7-6** タレントレビュー ………………………………………………… 135

評価

EXとほほエピソード　「後からダメ出し」はつらいよ ………………… 138

体験機会

- **8-1** MBO ……………………………………………………………… 142
- **COLUMN** MBB、OKR、ノーレーティングとは ………………………… 143
- **8-2** 評価面談 ………………………………………………………… 145
- **8-3** フィードバック …………………………………………………… 146
- **8-4** メンタリング …………………………………………………… 147
- **8-5** 周囲の理解 ……………………………………………………… 148

PART 09 異動／転勤

EX とほほエピソード 突然言われても…… ……………………152

体験機会

- **9-1** 会社主導の異動 ……………………………………154
- **9-2** 社内公募 ………………………………………………156
- **9-3** 内示 ……………………………………………………158
- **9-4** 職場周知 ………………………………………………159
- **9-5** 引き継ぎ ………………………………………………160
- **9-6** メンタリング …………………………………………160
- **9-7** 周囲の理解 ……………………………………………161
- **COLUMN** HR ビジネスパートナーとは ………………162

PART 10 昇格／降格／役割変更

体験機会

- **10-1** 適性見きわめ …………………………………………167
- **10-2** 試験 ……………………………………………………169
- **10-3** 結果通知 ………………………………………………171
- **10-4** メンタリング …………………………………………172
- **10-5** 周囲の理解 ……………………………………………173
- **COLUMN** タレントとは …………………………………174

PART 11 休職（育休・傷病・出向ほか）／復職

EXとほほエピソード　「育休浦島太郎」……………………………………………178

体験機会
- 11-1　職場周知……………………………………………………………………181
- 11-2　休職前オリエン……………………………………………………………182
- 11-3　休職中コミュニケーション………………………………………………183
- 11-4　休職手続き…………………………………………………………………185
- 11-5　復職前面談…………………………………………………………………185
- 11-6　復職手続き…………………………………………………………………186
- 11-7　メンタリング………………………………………………………………187
- 11-8　周囲の理解…………………………………………………………………187

PART 12 オフボーディング

EXとほほエピソード　立つ鳥跡を濁さず、もとい、立たせる巣跡を濁さず…………190

体験機会
- 12-1　退職面談……………………………………………………………………196
- 12-2　退職条件決定………………………………………………………………199
- 12-3　職場通知……………………………………………………………………200
- 12-4　引き継ぎ……………………………………………………………………201
- 12-5　退職前インタビュー………………………………………………………202
- 12-6　退職手続き…………………………………………………………………204
- COLUMN　アルムナイとは……………………………………………………205

PART 13   退職後リレーション

EXとほほエピソード　変わり始めた組織、揺れ動く心 ……………………………… 210

体験機会
- **13-1** 退職後コミュニケーション ……………………………………………… 214
- **13-2** アルムナイコミュニティ活動 …………………………………………… 215
- **13-3** 再雇用 …………………………………………………………………… 217
- **COLUMN**　越境学習とは …………………………………………………… 220

エピローグ　それぞれの決意、それぞれの選択 ……………………………… 222

おわりに

EXジャーニーマップを地図とする新たな旅のはじまり ……………………… 226
「思い出に残る従業員体験」を創ろう ………………………………………… 228

PART

01

日常接点

EXとほほエピソード

3年目社員 鮎沢双葉のゆううつ

　鮎沢 双葉（あゆざわ ふたば）24歳。
　新卒で地元の中堅製造業である駒門精密（こまかどせいみつ）に就職した入社3年目の彼女。仕事にも慣れ、最近は職場以外の世界にも徐々に意識が向くようになっていた。
　ひととおりの仕事は自分でこなせるようになり心にも余裕が生まれてきたからか、課長の東郷（とうごう）からの無茶ぶりも適度にかわしつつ、最近ではオンラインの学習コミュニティに参加したり、地域のNPO法人を手伝うなど活動の幅を広げている。

　そんなある日、双葉はITクラウドサービスの利用を検討することになった。会社との仕事とは関係ない。「最近プライベートで始めたブログの、画像制作やデザインをもっと効率よくおこなうためにはどうしたらいいか？」そんな好奇心からだ。インターネットで情報を検索し、良さそうなサービスを見つけた。値段も手ごろだし、使用感もよさそうだ。
　念のため、そのサービスを運営する企業のコーポレートサイトを見てみる。「ITで世の中のスマイルをスマートに増やす！」と清々しいメッセージが掲げられていた。この企業が提供するサービスなら信頼できそうだ。さっそくインターネットサイトのお申込みフォーム画面を立ち上げる双葉。連絡先などの必要情報を記入し申し込み完了……と思いきや、

「後日、担当者からお申込み手続きを連絡いたします。しばらくお

待ちください」

　とのメッセージ。と同時に、同様の趣旨を伝える電子メールが双葉のメールボックスに届いた。

　そのまま待つことはや3日。
　突然、双葉のスマートフォンに着電を知らせるメロディーが鳴り響く。発信者は見覚えのない電話番号だ。平日日中の勤務時間に突然の着電。正直勘弁してほしい。双葉は慌てて席を外し、オフィスの廊下の端っこに駆け込みコソコソと電話に出る。
　その発信者は……何と双葉が数日前に申し込み手続きをしたITクラウドサービス提供企業だった。

　「このたびは、当社のサービスをお申込みいただきありがとうございます!」

　天真爛漫な声がスマートフォン越しにこだまする。が、双葉の今の状況はそのテンションに合わせることを許さない。
　先方の話によると、申し込みを完了するためには先方が用意した申込書に押印をして郵送しなければならないらしい。その手続きを説明したいとのことだった。
　いやいや、いまどき月1,000円程度のクラウドサービスを利用するのに、ご丁寧に紙の書類に押印して郵送させるのですか?　双葉はすでに個人でほかのクラウドサービスも利用しているが、いずれもWebサイトの手続きで申し込みを完了し快適に利用している。しかも、双葉のようなビジネスパーソンであれば勤務中であろう時間帯に、突然電話をかけてくるなんて……。

PART
01

日常接点

「IT で世の中のスマイルをスマートに増やす……んじゃなかったんですか!?」

そう突っ込みたくもなったが、ここは平日・日中時間帯の職場。ぐっとこらえて、とにかく書類が郵送されるのを待つことにした。たぶん、そのまま放置するけれども。

「正直、がっかりだ……」

双葉のその企業に対するイメージが、下り坂を転げるように堕ちていった。
そういえば、大学のゼミの後輩が絶賛就職活動中。ちょうど週末に、ランチをしながら相談を受けることになっていた。IT 業界志望でその企業も受ける言っていたっけ。

「悪いことは言わない。考え直したほうがイイと思う」

双葉の、後輩へのアドバイスのひと言が決まった。

💡 本章のポイント

EX（従業員体験）は、対象者が従業員になる以前から形成されます。
求職者である段階はもちろん、その組織（企業や団体など）への参画意志をもたない状態での日常生活におけるちょっとした接点や体験から、イメージの良し悪しは決まってしまうもの。そして、その良し悪しが、就職活動や転職活動における応募先の意思決定を、あるいはその組織を他者に勧めるかどうかの意思決定を、少なから

ず左右するでしょう。

　本章では、当事者が求職者でも紹介者でもないライフステージを生活者と定義し、生活者の段階におけるEXのありかたや注意点を考察します。

体験機会

1-1 製品・サービス体験

　製品やサービスに対する体験は、その企業へのイメージを決定づける大きな要因になりえます。ここで言う体験とは、その製品やサービスを直接的に利用する体験、いわゆる利用体験やユーザー体験にとどまりません。

- 第三者への説明しやすさや勧めやすさ（例：インターネットサイトのURLを転送しやすい、店の場所を説明しやすい、営業時間がわかりやすく表示されている、など）
- 廃棄や再利用のしやすさ（広義には利用体験やユーザー体験に含まれますが）

　なども体験に含まれます。

　行政機関などの非営利団体においては、その機関が企画運営する施策や住民サービスの内容はもちろん、説明のわかりやすさ、対応スピード、事務手続きの煩雑さなどが相手（受け手）の製品・サービス体験に相当すると考えられます。

　従業員が自社の製品やサービスを体験する機会を増やし、自分の体験と言

葉で自社製品やサービスを、ひいては自社が大切にする世界観などを語れるようになるのも重要です（いわゆるインターナルブランディングまたはインナーブランディングと呼ばれる取り組みの１つです）。自組織と社会との接点は、営業や広報・宣伝担当者などだけが持っているものではありません。経営陣はもちろん、すべての従業員や委託先のスタッフなどが、社会との接点になりえます。あなたも、家族や友人知人の体験談から、その人の勤務先の会社が扱う製品やサービスに関心を持ったり、実際に購入した経験があるのではないでしょうか。外資系の自動車メーカーでは、社員に最新の車を貸与している企業もあるくらいです。

　社員や委託先のスタッフを、自社製品やサービス、自社の世界観のファンにする。
　そこから、社外の自社のファンを増やす。

　インターナルブランディング／インナーブランディングにも注力しましょう。

1-2 各種メディア

　メディアの選び方や使い方も、その企業や団体または業界に対する体験に影響を及ぼします。
　ひと昔前までは、自社や製品・サービスを知ってもらうための媒体としては看板やポスター（後述）、新聞・雑誌などの紙媒体が主力でしたが、近年はさまざまなメディアが活用されるようになりました。インターネット広告、SNS、デジタルサイネージなどを活用する組織も少なくないでしょう。また、著名な雑誌やインターネットサイトなどの運営元とコラボレーションし、社名を前面に出さずに自社や自社の製品・サービスを記事中で訴求する手法もあります。
　どのメディアを選ぶかによって、およびどのメディアとコラボレーション

するかによっても、その組織のイメージは変わってきます。

　自組織の世界観や、ビジョン・ミッション・バリューなどと照らし合わせながら、適切なメディア選びやパートナー選びをしましょう。

　メディアの使い方や使われ方についても注意が必要です。たとえば、インターネット広告やインターネットの動画サイトでの宣伝。広告代理店との契約内容によっては、インターネット上での露出を増やし、PV（ページビュー＝そのサイトのアクセス数）を稼ぐことだけが目的化し、契約主の知らないサイトで（場合によっては、その契約主のブランドイメージと相反するようなサイトで）、何度もしつこく広告や宣伝動画が表示され、視聴者にネガティブな印象を醸成してしまうケースもあります。あなたも、何度も表示される広告や動画CMに、うんざりした経験はあるのではないでしょうか。

　プロモーションを広告代理店に「丸投げ」するのではなく、その内容を見直したり、ある程度は任せるにしても不適切な場面やしつこすぎる広告表示を社員が見かけた場合に広報やブランド部門などに通報する働きかけをするなど、ブランドイメージの毀損を回避する手段は講じていきたいものです。

1-3　従業員や関係者のふるまい

　従業員や関係者（その組織に出入りするお取引先や顧客など）のふるまいも軽視できません。従業員や委託先のスタッフによる事業所近隣での常習的な歩きたばこやポイ捨てが、顧客の心証を悪くし、取引停止に追い込まれた事例もあります。

　また、従業員による冷淡な対応やもの言い、いわゆる「塩対応」が、その企業に対するイメージを悪化させ、相手を遠ざけてしまうことがあります。その相手は、未来の顧客であり、従業員であり、あるいは従業員になることを他者に勧める人かもしれません。または、未来の株主・投資家かもしれません。

塩対応するような人たちと、一緒に働きたいと思うでしょうか。

　塩対応をさせるような企業を、大事な家族や友人・知人に勧めたいと思うでしょうか。

　ましてや、出資や投資をしようと思うでしょうか。

　従業員や委託先のスタッフの良いふるまいが、その企業のファンを増やす事例もあります。山崎製パンのストーリーを紹介しましょう。2014年2月、大雪により中央自動車道の談合坂サービスエリアで立ち往生していた人たちに、同社のパンを輸送していたトラックのドライバーが積み荷のパンを配ったエピソードがSNSなどで拡散され、世界のメディアからも称賛されました。因果関係は明らかではないですが、その数日後に同社の株価は上昇しています。

　山崎製パンは、経営基本方針に次の一文を掲げています。

「われわれは、常に良きものへ向って絶えず進歩しつづけるため、各人が自由な決心に基づき、正しき道につき、断固として実行し、自主独立の協力体制を作り、もって使命達成に邁進すること」

（同社ホームページより）

　同社の経営理念が従業員や委託先のスタッフにも浸透していて、その理念に基づいて現場のドライバーが自律的に行動をしたと考えられます。

　企業の経営理念やミッション・ビジョン・バリュー・パーパスなどを従業員に丁寧に説明し（あるいはグループ対話やワークショップなどを通じて自分ごと化を促し）、なおかつエンパワー（権限移譲）する。その仕組みづくり、プロセスづくり、および人材育成も良い組織づくりとファンづくりに欠かせないインターナルブランディング／インナーブランディングなのです。

　一方で、独り善がりな顧客やモンスタークレーマー（企業や行政機関など対して、理不尽な苦情や、度を越した要求を突きつける人たち）を遠ざける

マネジメントも重要です。

近年「カスタマーハラスメント」なる考え方も社会に浸透しつつあります。顧客の立場を利用して、従業員に理不尽な要求や恫喝などの行為を、ひいては営業妨害をする行為をハラスメントと見做す考え方です。度重なるカスタマーハラスメントにより、離職してしまったり、メンタル不調に追い込まれる人も少なくありません。カスタマーハラスメントは看過できない社会問題なのです。

秋田県でバスやタクシー事業を展開する第一観光バスは、2023年4月にカスタマーハラスメントに対して毅然と対応する旨の声明文を新聞広告に発表、多くの賛同の声を得ました。

カスタマーハラスメントに屈しず、従業員やビジネスパートナーを守る。その毅然たる姿勢は、

「この会社は従業員を守る」
「一緒にサービスを提供するお取引先も大切にする」

などのポジティブなブランドイメージを形成します。

1-4 地域での風評

その地域住民からの評判や、地域で事業を営むほかの企業などからの評判も見過ごせない要因です。

- 毎朝エレベーターに長蛇の列を作り、エレベータおよびビルに至る道を従業員や委託先スタッフが占拠する
- 通勤経路での従業員や委託先スタッフによる歩きたばこ、ポイ捨てなどが常態化している
- 公共交通機関や道路を混雑・渋滞させる

いずれも致し方なしの部分はあるにせよ、ほめられたものではありません。

　地方都市では、「○○渋滞」（○○＝企業名）のように、その地域の有力企業の従業員や関係者が引き起こす渋滞が固有名詞になっているところもあるくらいです。なんとも不名誉な話です。テレワークの活用や時差出勤なども、労務担当部門や総務部門、情報システム部門、広報部門などと連携して取り組み、解消していきたいものです。

　地域との共生や共創を考え、行動する。ただし、地域の住民や他企業の顔色を気にしすぎるあまり、新たなチャレンジができないのは、それはそれで考えものです。意欲ある人、新しいことにチャレンジしたい人が、その地域から次々に去ってしまいます（人口流出や関係人口減を加速）。

　「ものづくりが強い地域だけれども、この企業はコトづくりにも力を入れ始めている」

　「コスト削減一辺倒ではなく、IT、デザイン、人の育成など見えにくい価値にも投資をし始めている。この地域は文化度が高い」

　「IT産業が盛んなエリアだが、現場でのウェットなコミュニケーションや体験も重視している」

　「若手や移住者、女性など従来の意思決定層とは属性や特性が異なる人にも権限委譲し、新しい景色を創ろうとしている」

　あなたが所属する企業や組織が率先し、地域や業界に新しいカラーを創っていきましょう。筆者の実体験からも、東京などの大都市より地方都市のほうが「尖れ」ます。Let's try!

1-5 商談・商取引

　商談や商取引など組織対組織（BtoB）、または組織対個人（BtoC）のやり

とりも、相手のその企業に対する印象を左右します。冒頭の「EX とほほエピソード」のストーリーを思い出してください。主人公の鮎沢双葉は、IT クラウドサービス提供企業との商取引のプロセスで「がっかり」しました。逆に、商談の進め方や商取引のプロセスがスマートで相手に好印象を与えることもあります。商談や商取引も、相手を自社のファンにしうるブランド接点なのです。

　ひと昔前までは（いや、今でも業界や地域によっては「ところにより」）、お取引先に横柄な態度をとる大企業の管理職や担当者の姿も目立ちました。今ではコンプライアンスやガバナンスの意識も高まってきており、さすがにそのような人たちは減っていると信じたいですが、相手に上から目線で一方的な要求を繰り返す、タメ語で接する、恫喝するなどは、コンプライアンス違反を通り越して「恥ずかしい」「みっともない」です。そのような態度は、

「この業界は旧態依然である」
「この会社の人たちは時代錯誤なふるまいを繰り返している」
「時代に合わせて変化する気がない残念な組織」

　と公言しているようなもの。そして、その背中や横顔を見て、お取引先はもちろん、自組織の従業員も

「自社の人が恥ずかしい」
「自組織や業界、地域のカルチャーが情けない」

　と思うようになり、組織や業界や地域に対するエンゲージメント（帰属意識や愛着）を下げ、物言わぬおとなしい人になっていくか、静かに去っていくのです。
　筆者も、自動車業界の企業で勤務していた若手の頃、お取引先に対して横柄

な態度をとる自部署や他部署の管理職に対し「情けない」「恥ずかしい」と思いエンゲージメントを下げたことがありました。「会社のブランドイメージを損なうから、そのような態度はやめていただきたい」と物申したこともあります（当時は今以上に血気盛んでした（苦笑）、しかし後悔はしていません）。

　立場や職位に関わらず、他者を尊重し対話をする「リスペクティング行動」の普及や浸透にも、組織として力を入れていきたいものです。

1-6　社会貢献活動

　社会貢献活動とは、文字どおり、企業組織や団体、個人が社会をより良くするためにおこなう各種活動を言います。CSR や CSV の3文字を想起する人も少なくないでしょう。

　CSR（Corporate Social Responsibility）とは、事業活動とは無関係の社会貢献活動を示します。寄付、地域清掃や植林などの環境保全活動、被災地支援、その他のボランティア活動などを指します。

　CSV（Creating Shared Value）は、事業活動を通じて社会の課題を解決する取り組みを言います（Microsoft Excel と関連が深い、あのデータ形式のことではありません）。

　たとえば、伊藤園は、遊休農地の増加の社会課題を解決すべく、茶産地育成事業に取り組んでいます。同社が直接契約をした茶農家に、遊休農地で茶葉を栽培してもらい、そこで生産された茶葉をすべて買い取っているのです。この取り組みは、お茶飲料の生産と販売、すなわち伊藤園の本業を通じて社会課題を解決する CSV ととらえることができます。

　社会貢献活動を実施しているかどうか以前に、企業や組織の社会性に敏感な人も増えてきました。昨今、内向きかつモーレツな社風の企業が反社会的な行動や慣習を常態化し、不祥事を起こす（というより不祥事が明るみになる）ケースが目立ってきています。そのような企業や業界に対する世間の目

も厳しくなってきました。

「エシカル消費」「エシカル就活」なる言葉も注目され始めています。エシカルとは、倫理的や道徳的であることを示す形容詞、すなわちその組織が社会性があるかどうかを表しています。エシカル消費とは、多少高くても地球環境に配慮していたり、従業員を大切にするなど倫理的かつ社会性のある取り組みをしている企業の製品やサービスを利用する消費行動を言います。エシカル就活とは、社会課題解決に意欲的に取り組んでいる企業や団体を選んで就職活動をする行為を言います。

　エシカルおよび社会性に対する若手の意識は、年々高まっています。株式会社トラストバンクが、全国の20歳〜39歳を対象に実施した「若者のマネーリテラシーに関する意識調査」では、「エシカル消費」を、回答者の53.9％が「マネーリテラシーの高い行動」として認識していることがわかりました[1-1]。

　筆者はここ10年、毎年秋に、大手製造業の企業の全新入社員にブランドマネジメントの講義をおこなっています。冒頭のグループワークで「あなたの好きなブランドは？　その理由は？」を問うのですが、社会性の高い企業や製品・サービスを答える人が目に見えて増えてきています。この傾向は、今後も変わらないでしょう。裏を返せば、社会性を欠いた企業や組織は、いよいよ人々にそっぽを向かれるということです。

　自社や自業界のあたりまえの慣習や行動が、社会性を欠いていないか。悪気なく時代遅れになっていないか。コンプライアンスやガバナンス維持の意味でも、振り返り改めなければなりません。

　とはいえ、同質性の高い「中の人たち」や「近しい人たち」だけでは、自分たちの問題や悪気ない「賞味期限切れ」に気づきにくいもの。あるいは、上下関係などが作用して、問題を指摘しにくいもの。そうして、企業不祥事や隠ぺいも繰り返されるのです。

※1-1　トラストバンク「若者のマネーリテラシーに関する意識調査」より（全国の20歳〜39歳を対象、2023年7月3日に発表）
https://www.trustbank.co.jp/newsroom/newsrelease/press634/

その負のループを断つには、ずばり普段と景色を変える。他組織や他業界の人たちとフラットな関係で対話や共創をする越境体験や、普段とは関わる組織や地域や人たちを変えて学びあう越境学習のような取り組みも、人材育成やイノベーション創出の意味でももちろん、コンプライアンスやガバナンスを維持・向上させる目的でも、プロセスとして取り入れていきましょう。内向き×モーレツが加速し、社会性を欠いてしまわないように。組織が暴走してしまわぬように。

越境学習や越境体験については、「13 退職後リレーション」のコラム「越境学習とは」や、『越境学習入門』（石山恒貴、伊達洋駆 著／日本能率協会マネジメントセンター 刊）および『新時代を生き抜く越境思考』（沢渡あまね 著／技術評論社 刊）でくわしく解説しています。あわせてご覧ください。

1-7 ファミリーデー

事業所や職場を従業員と家族に解放する、ファミリーデーを実施する企業も増えています。内容は、

- 職場見学や工場見学
- 家族と一緒に仕事の体験をする企画
- 講演者を呼んで従業員と家族がともに学びあったりワークショップなどの共同作業をするイベント

など色とりどり。

ファミリーデーは、家族の職場に対する理解を深めてもらう効果はもちろん、従業員が自分の言葉で自分の仕事を家族に説明する機会を得ることで、組織や仕事の役割や意義を自分の言葉で語れるようになる効果、ひいては組織や仕事に対するエンゲージメントを高める効果もあります。

1-8 業務ツールの選び方

電話やメールが主流なのか、Slack や Teams などのチャットツールやクラウドサービスも活用して日々のコミュニケーションや情報授受をおこなうのか。
対面重視なのか、オンラインミーティングを駆使するのか。

オンラインミーティングひとつとっても、役職者順に並べる／並べない、顔を出す／出さないなどのお作法やこだわりの片鱗から、その組織のカルチャーがレガシー（旧態依然）なのかモダン（先進的）なのかをうかがい知ることができます。逆の見方をすれば、業務ツールの選び方や使い方ひとつで、その企業や組織のカルチャーが相手に伝わり、ファンを創りも遠ざけもするということです。たかが業務ツール、されど業務ツールです。

ふたたび、冒頭の「EX とほほエピソード」を思い出してみてください。鮎沢双葉は、IT クラウドサービス企業からの突然の電話攻撃に閉口し（あたっ！）、続く紙とハンコの手続きに幻滅しました（あたたっ！）。

あなたの組織においてはいかがでしょうか？
業務ツールの選び方や使い方で損をしていないでしょうか。

「電話を使うのが悪い」と言いたいのでは決してありません。電話も、文脈によっては有効なツールです。どのようなコミュニケーション手段を、どのような目的およびシーンでどう活用するか、振り返り、見直してみてください。なにごとにおいても、目的思考とアップデート思考（新たなやり方を取り入れてみること）をお忘れなく！

1-9 看板

[1-2] 各種メディアでは、インターネットや新聞や雑誌などの各種媒体に

ついて解説しました。物理的に掲げられる看板やポスターなどの掲示物も、企業イメージを決める日常接点です。[1-2]各種メディアでの解説と同様、次のような点について、組織で振り返りをしましょう。

- 掲示する場所やタイミングなどが適切か？
- 色合いや大きさや使うフォントなどがその企業の世界観を表現しているか？
- 悪気なくアンチ（敵）を生んでしまっていないか？

広告代理店や制作会社への丸投げは禁物です。

📋 問い

1 自社の製品やサービス、自社そのものを従業員（およびビジネスパートナーや家族）が知る機会、体験する機会がありますか？

2 商談・商取引・面接・地域での行動や言動など、悪気なく上から目線で他者を遠ざけるふるまいになっていないでしょうか？

3 業務ツールやコミュニケーション手段、および使い方が時代遅れではないですか？

COLUMN

6つのブランディング活動

　本編でインターナルブランディング／インナーブランディングについて触れました。ブランディングとは、ひと言で表現するならば「ファンを創り、維持する取り組み」のことです。筆者は、組織がおこなうブランディング活動を6つに分類しています。

図1 ブランディング活動の6つの分類

		ブランディングの種別		
		プロダクト ブランディング （製品・サービス）	コーポレート ブランディング （企業）	コンセプト ブランディング （価値観や世界観）
対象	インターナル	1	2	3
	エクスターナル	4	5	6

❶ インターナルブランディングと
　エクスターナルブランディング

　ブランディングを対象者で区分したとき、大きく中の人（インターナル）向けと外の人（エクスターナル）向けに分けることができます。

　従業員など組織の中の人向けのブランディング活動を、インター

ナルブランディング（またはインナーブランディング）と言います。
次のようなものは、従業員に自社らしさを知ってもらい、自社らし
い行動を促すインターナルブランディングととらえることができま
す。

- 社内報
- 社内 Web サイト
- 社内イベント
- 社内勉強会や研修会
- 社内読書会
- 社内対話会やタウンホールミーティング（経営陣が事業所を周
  り、社員と対話する試み）
- 社員向け製品体験会
- QC サークルなどの改善活動

　エクスターナルブランディングとは、顧客、お取引先、採用候補
者、株主・投資家・金融機関など外部の人たちをファンにするため
の取り組みです。「見込み顧客」など、現時点でブランドステークホ
ルダーになっていない外部の人たちも含みます。次のようなものは、
エクスターナルブランディングととらえることができます。

- インターネットサイトや SNS などでの情報発信
- 会社案内
- テレビやラジオの CM
- 製品や企業のプロモーションイベント
- 投資家向けイベント
- 会社説明会や採用イベント
- CSR やボランティア活動

❷ プロダクトブランディング、コーポレートブランディング、コンセプトブランディング

何をブランディングするか？ プロダクトブランディング、コーポレートブランディング、コンセプトブランディングの3つのカテゴリーでとらえてみます。

プロダクトブランディングとは、文字どおり、製品やサービスの認知を高め、ファンを増やす（または維持する）取り組みを言います。

コーポレートブランディングとは、会社など組織そのものを知ってもらう取り組みを言います。Web サイトひとつとってみても、製品・サービスのサイトと、企業情報サイトを分けている企業があります。コーポレートブランディングとは単なる会社紹介ではありません。その企業組織のミッション・ビジョン・バリュー・パーパス、経営理念や中長期の事業計画、財務状況、歴史、技術、部署、人、知識やノウハウ……これらもコーポレートブランディングの対象となりえます。

コンセプトブランディングとは、その企業や組織が目指す、または創り出す世界観や価値観の理解浸透を促進し、ファンを増やす行為です。たとえば、キャンプ用品のメーカーが、キャンプのある景色や世界を動画で伝え、それによりキャンプそのものに理解を示してもらう行為は、コンセプトブランディングと考えられます。

この2×3のマトリクス（構造図）を眺め、あなたの組織にとって

「どの取り組みが足りていないか？」
「どの象限の活動を強化したらいいか？」

話し合ってみてください。

PROCESS »

PART

02

応募／募集

> EX とほほエピソード

「カジュアル面談」が微塵も
カジュアルでなくガチだった件

「よろしければ、カジュアル面談に当社に来てみませんか？」

ゴールデンウィークも明けた、5月のある日。双葉はこんな誘いをメッセンジャーで受けた。

相手は東京のスタートアップ企業。スタートアップといっても、社員数はすでに100名を超え、200名に届きそうな勢い。それなりの人数規模の企業だ。

別に今の職場環境にも、仕事にも不満を抱いているわけではない。転職に対する強い想いがあるわけでもない。ただ、入社3年目ともなると、「このままでいいのかな」と時折不安になったり、外の世界も見てみたくなるではないか。もちろん、良さそうな企業だったら前向きに考えてもみたい。

きっかけは、ゴールデンウィーク前の金曜日の夜。学生時代の友達である清水ゆい（しみずゆい）と近所のイタリアンで食事をしていたところ、たまたま近くの席に居合わせたゆいの先輩（どうやら総務人事のマネージャーだったらしい）と仕事の話や雑談で盛り上がり、流れで連絡先を交換した。その相手が、カジュアル面談を提案してきたのだ。

「まあ、会社を見るくらいなら。外を見ることも大事だし」

そんな気持ちで、双葉は「よろしくお願いします」と返信した。
ところで、双葉はカジュアル面談なるものにまったくなじみがな

かった。最近、スタートアップ企業などで流行っているらしいと風の噂で聞いたことがある程度。まさか自分が受けることになるとは思ってもみなかった。念のため、インターネットでカジュアル面談とは何ぞやを調べてみる。

「カジュアル面談とは、企業と参加者がリラックスしながら対話して相互理解を深めることを目的に、主に、参加者が応募に進むかどうかを確定する前に行われる機会です」
（リクルートエージェントのサイトより）

「「面接」や「選考」と違い、候補者の志望度を引き上げるための惹きつけの場であり、お互いを知るための場です。　〜中略〜　カジュアル面談は「選考」ではありません」
（ネオキャリアのサイトより）

なるほど。あくまで会社と候補者がお互いを知るための場であって、面接ではなく、選考がおこなわれるわけではない。服装もとりわけ指定がなく、文字どおりカジュアルな対話の場のようだ。
とはいえ、相手は人事担当者、そして、できることなら採用候補者と出会いたいところだろう。最低限、相手のことは調べてから訪問しよう。
そう思った双葉は、事前にその企業のホームページや製品・サービス情報なども予習したうえで、人生初のカジュアル面談に備えた。

そして迎えた当日。その職場は、双葉の住まいからは新幹線で軽く１時間はかかる立地にあるため、双葉は午後半休を取得し、旅の人となった。カジュアル以上フォーマル未満の服装とシューズで、東京都心のオフィスビルに赴く。

明るくオープンなオフィス。まるでカフェやホテルのラウンジを思わせるようなエントランス。双葉が勤務している、事務本館然とした無機質な事業所とは大違いだ。観葉植物を眺めながら待つこと5分、先方が姿を現した。パーカーにスニーカー。社風がそうなのかもしれないが、まさにカジュアル面談といった趣だ。少し離れた、ガラス張りの応接室らしき一角に案内される。そこまではよかった。

　ところが、ソファに座るや否や、先方の開口一番ついて出てきた言葉に双葉は言葉を失う。

　「ところで、まず志望動機を聞かせてもらってもいいですか？」

　はっ!?　志望動機？　そんなもの用意していない。
　カジュアル面談と言われて、てっきりまずお互いをよく知ろうとする場であると思ってやってきた双葉。志望動機と言われても、どうしたものか。まさに青天の霹靂である。

　「あ、はい!?　あ、御社の、そうですね、先進的なビジネスが面白そうかなぁと思いまして……。あ、オフィスめちゃくちゃ明るくて綺麗ですね」

　とってつけたような言葉で、その場を取り繕うとする双葉。
　（これって、ただの面接だよね。聞いてないんだけれど……。そもそも、別に転職する気マンマンでもないし、私）

　その後、どんな会話をしたか覚えていない。一応、オフィスの各所も案内してもらい、ひととおりの説明を受け、帰路に就いた。
　それにしても、どうも釈然としない。志望動機を聞かれたり、自分がどうこの会社に貢献できそうかを問われたり、中身はカジュア

ルどころかガチな面接だったではないか。

「ひょっとして、カジュアルウェアで面接することをカジュアル面談って表現しているだけじゃないかしら？」

もやもやした気持ちを抱え、双葉は帰りの新幹線の座席に身を沈めた。
……と、双葉のもやもやはそのままでは収まらなかった。数日後、双葉は先方から再びメッセージを受信する。

「先日は当社にお越しいただきありがとうございました。弊社内で検討を重ねた結果、鮎沢様のご経験とご希望に合うポジションのご用意ができず、誠に残念ではございますが今回は採用を見送らせていただくこととなりました」

「はっ!?　はあっ!?　はあああっ!?」

思わず声を上げる双葉。ご丁寧に、「鮎沢様の今後のご活躍を心よりお祈り申し上げます」で締めくくられている。いわゆる"お祈りメール"ってやつだ。

「なにこれ、感じ悪っ……!!」

双葉は、面接を受けたつもりも、選考にのっかったつもりもない。そもそも、先方の意思でカジュアル面談を申し入れしてきて、相互理解のために訪問しただけなのに、一方的に選考して、一方的に不採用通知を送りつけてくる。あまりに失礼ではないか。普段は穏やかな双葉も、さすがにこの仕打ちには傷つくし、頭にくる。

ひょっとして、この会社は普段から社員や顧客の話を聞かない一方的な「オレオレ」社風なのかもしれないな。ゆいも大変だな……。そんなことを思って、双葉はメッセンジャーツールの画面をそっと閉じた。

💡 本章のポイント

　企業が人材募集において候補者体験を軽視すると、企業全体の印象が悪くなり、ブランドイメージの低下につながります。その結果、優秀な人材が選考の途中で離脱したり、他社を選んだりする可能性が高まります。

　また、候補者に十分な情報を提供しないと、入社後に早期退職するリスクもあります。候補者が不満を持つと、その悪評が広まり、将来的に応募者数が減少し、人材獲得が難しくなるかもしれません。さらに、候補者が緊張しすぎたり、本来の能力を発揮できなかったりする環境では、適切な人材評価ができず、選考の質が低下してしまいます。

　こうした問題を避けるためには、候補者の視点に立った採用活動が必要です。

　本章では、候補者にとって良い体験を提供するためのさまざまな方法について考察し、企業と候補者がうまくマッチングするための方法を探ります。

体験機会

2-1 企業サイト・採用サイト

　企業サイトには、会社の概要、事業内容、サービス、最新情報などを紹介するページがあります。一方、採用サイトには、求人情報、採用プロセス、社内の雰囲気、従業員の声など、採用活動に特化した情報が掲載されています。

　企業サイトも採用サイトも、候補者の目に触れるウェブサイトです。それらに問題があれば、候補者の体験が悪くなります。しかし、美しいデザインだけでは、必ずしも組織の魅力を伝えられるわけではありません[2-1]。

　では、何が必要でしょうか。不確実性削減理論が参考になります[2-2]。この理論では、手元の情報が少ない候補者は、少しでも多くの情報を求めると説明されています。

　特に、候補者が入社後の自分の姿をイメージするには、十分な情報が必要です。どのような仕事をするのか、どのような人と働くのか、どこで働くのか、働く時間はどうなのか、キャリアの流れはどうなのか、どのような人が評価されるのか、などの情報が候補者の入社後イメージを膨らませます。

　さらに、ウェブサイトという意味では、採用を目的としたオウンドメディアを運営する企業もあります。自社の仕事を紹介したり、従業員のインタビュー記事を掲載したり、中には日報を部分的に公開する会社もあります。これらは、候補者の情報不足を解消するための工夫です。

[2-1] Cober, R. T., Brown, D. J., Levy, P. E., Cober, A. B., and Keeping, L. M. (2003). Organizational web sites: Web site content and style as determinants of organizational attraction. *International Journal of Selection and Assessment*, 11(2-3), 158-169.

[2-2] Berger, C. R., and Calabrese, R. J. (1975). Some explorations in initial interaction and beyond: Toward a developmental theory of interpersonal communication. *Human Communication Research*, 1(2), 99-112.

2-2 SNS

　SNS（ソーシャル・ネットワーキング・サービス）は、インターネット上で人々がつながり、情報を共有するプラットフォームです。採用活動でもSNSの活用が進んでおり、おもに2つの方向性があります。

　1つは、企業がSNSを用いて自社の情報を発信することです。新しいメディアを利用することで、新しい層に情報を届けることができます。形式ばった情報発信だけでなく、カジュアルに情報を発信することで、候補者に親近感を持ってもらえます。

　親近感を持つと、その会社についてくわしく知りたくなるものです。たとえば、「会社あるある」のような情報をSNSを通じて届ければ、候補者の不確実性を減らし、会社の魅力を伝えることができます。

　もう1つは、候補者のSNSを利用して選考をおこなうことです。候補者のSNSは、米国では普及していますが、日本でも徐々に浸透してきています。候補者のSNSの公開情報を選考に活用することが考えられます。

　ただし、SNSの情報を使ってもほかの選考手法と比べて評価の精度は変わらないことが明らかになっています。SNSに掲載される写真や情報が評価にバイアスをかける可能性があるためです[2-3]。

2-3 エージェントの紹介

　採用におけるエージェントは、企業と候補者の間に立ち、採用／就職活動をサポートする人や組織を指します。エージェントは、候補者に求人情報を提供し、選考プロセスをサポートすることで、就職活動をスムーズに進められるようにします。候補者の不安や悩みに寄り添い、アドバイスを提供する

※2-3　Bohnert, D. and Ross, W. H. (2010). The influence of social networking web sites on the evaluation of job candidates. *Cyberpsychology, Behavior, and Social Networking*, 13(3), 341-347.

こともあります。

　企業にとって、エージェントと良好な関係を築くことは重要です。企業は、エージェントに求人内容や人材要件、選考プロセスの情報をくわしく伝えることによって、候補者の期待と実際の求人内容のギャップを防ぐことができます。

　エージェントの意見や提案を尊重し、協力しながら採用活動を進めることが求められます。企業とエージェントが長期的な視点で関係を築き、情報交換をおこなうことで、お互いのニーズを理解し、より効果的な採用活動を実現できます。

2-4 リファラル

　リファラル採用は、従業員の知人や友人を紹介する方法で、近年、日本でも導入が進んでいます。この方法には、外部市場に出てこない人材にアプローチできる、内定承諾率や定着率が高い、などのメリットがあります[2-4]。

　こうした効果が生まれる理由は2つあります。

❶ 従業員が知人・友人を紹介する際、自社に合うかどうかを見極めているため、一定の適合度が担保される

❷ 従業員から自社の実態を伝えられているので、候補者も自分に合った会社かどうかを判断しやすく、ミスマッチが起こりにくい

　しかし、リファラル採用には注意点もあります。紹介者が退職すると、被紹介者のパフォーマンスが下がったり、離職する可能性が高まったりすることです。人間関係に依拠している点が強みでもあり、弱みでもあります。

※2-4　Zottoli, M. A. and Wanous, J. P. (2000). Recruitment source research: Current status and future directions. *Human Resource Management Review*, 10(4), 353-382.

従業員の紹介行動を促進するにはどうすればいいでしょうか。会社への愛着が高い従業員は、「この会社のために」と思い、紹介行動を起こしやすくなります[2-5]。たとえば、入社直後や、管理職になった後は、愛着が高まるタイミングです。

　知人や友人を助けたいと思っている従業員も、紹介行動をとる傾向があります。今の仕事や会社が合っていない知人・友人に自社を紹介することで、手を差し伸べることができるからです。

　さらに、社内で評判の良い従業員は、「自分が紹介すれば会社は喜んでくれる」と感じ、積極的に紹介行動をとろうとします。自身がリファラル採用で入社した従業員も、その経験から自信を持ってまわりに声をかけられます。

　こうした従業員の特性を踏まえ、個別に紹介を働きかけることが、リファラル採用の推進につながります。

2-5　カジュアル面談

　カジュアル面談は、正式な面接とは異なり、企業と候補者がリラックスした雰囲気でおこなう面談です。

　カジュアル面談のおもな目的は、企業と候補者の相互理解を深めることです。非公式な環境でおこなわれるため、企業側は候補者の人柄や価値観を知ることができ、候補者も企業文化や職場環境を理解できます。

　カジュアル面談を成功させるためには、いくつかのポイントがあります。

　まず、面談の目的を明確にすることです。特に「何をしないのか」を伝えるといいでしょう。たとえば、「この面談では評価はしません」と伝えることで、候補者がリラックスしやすくなります。

　和やかな雰囲気を作ることも大切です。形式張った言動は避け、親しみや

※2-5　Bloemer, J. (2010). The psychological antecedents of employee referrals. *The International Journal of Human Resource Management*, 21, 1769-1791.

すい態度で接しましょう。カジュアル面談が終了した後のプロセスについても説明し、候補者が次に何を期待できるかをわかりやすくすることも重要です。

2-6 インターンシップ

2023年度より、インターンシップの定義が更新され、一定の基準を満たすプログラムのみがインターンシップと呼ばれるようになりました。インターンシップでは、学生が企業の現場で5日間以上の就業体験をおこない、従業員の指導のもと、業務に必要な知識やスキルを身につけます。

他方で、従来の1DAYインターンシップは「オープンカンパニー」と呼ばれ、就業体験を伴わない企業説明会やイベントを指します。

ただし、ここでは、インターンシップと呼ぶ場合、学生や候補者が企業や組織で実務経験を積むプログラムだけでなく、オープンカンパニーなども含め、職業理解を深めるための活動全般を指すことにします。

企業がインターンシップを設計する際には、「だれと」「どのように」「どんな仕事を」するのかについて、バランスよく情報提供します。

「だれと」については、候補者が実際に働くことになる同僚や上司、部下など、さまざまな立場の従業員との交流の機会を設けます。組織の雰囲気や人間関係をイメージしやすくなります。

「どのように」については、企業独自の仕事の進め方を体験できるプログラムを用意することができます。社内会議への参加や、実際の業務フローに沿ったシミュレーションなどを通じて、企業の価値観を肌で感じます。

「どんな仕事を」については、インターンシップの期間や目的に応じて、業務内容を設定することが求められます。補助作業だけでなく、中核的な業務に携わる機会を提供することで、候補者のモチベーションを高め、仕事へのイメージを具体化できます。

インターンシップ後のフォローにも注意を払います。インターンシップ直

後は候補者の気持ちが高まっているので、その理解を振り返るきっかけを与えましょう。たとえば、インターンシップで使用したシートを送付したり、写真やスクリーンショットを共有したりすることで、インターンシップの記憶を思い出してもらうことができます。

2-7 ダイレクトリクルーティング

ダイレクトリクルーティングとは、企業が直接候補者にアプローチして採用をおこなう手法です。この方法では、企業が自ら候補者を探し、連絡を取り、面接をおこないます。なお、ダイレクトリクルーティングは和製英語で、海外では Direct Sourcing と呼ばれます。

一般的には、候補者が個人情報を登録するプラットフォームを利用したり、SNS を活用したりします。前述のリファラル採用も、ダイレクトリクルーティングの一種です。

ダイレクトリクルーティングを成功させる鍵は、候補者とのコミュニケーションの質にあります。企業の印象は、候補者とのやりとりの質で左右されます。良好なコミュニケーションを通じて企業の魅力を伝え、信頼関係を築きます。

そのためには、候補者1人1人の性格や要望、能力に合わせたメッセージを送ることが大切です[2-6]。候補者は「この会社は自分に合っている」と感じ、入社意欲が高まるでしょう。

候補者の価値観や経験に敬意を払い、尊重する姿勢で接することも求められます。そうすることで、候補者は「この会社は良い会社だ」と感じます。

また、候補者が企業に対する疑問や懸念を気軽に話せる環境を整えましょう。対話を通じて、候補者は入社後の自分の姿を想像しやすくなり、「この会社

[2-6] Chapman, D. S., Uggerslev, K. L., Carroll, S. A., Piasentin, K. A., and Jones, D. A. (2005). Applicant attraction to organizations and job choice: A meta-analytic review of the correlates of recruiting outcomes. *Journal of Applied Psychology*, 90(5), 928-944.

に入ればうまくいきそう」と考えます。

　必要に応じて、候補者が学びを得られるよう、建設的なフィードバックをおこないます。候補者は「この会社に入れば成長できそう」と思えて、入社意欲が高まります。

　これらを実践するためには、候補者の情報を丁寧に集め、個別化されたメッセージを作らなければなりません。候補者の話に耳を傾け、褒め言葉をかけるなど、共感と敬意を示しましょう。

2-8　会社説明会

　会社説明会は、企業が自社をアピールする機会です。しかし、候補者にとって、知らない企業の説明会に参加するモチベーションは低いものです。そのため、候補者が参加したくなるようなコンテンツを用意する必要があります。

　たとえば、自社の説明だけでなく、キャリア形成に役立つ情報を提供することで、候補者の関心を引くことができます。面接やグループディスカッション、適性検査などについて、企業側の考え方を伝えて、選考プロセスの実態を知ることができれば、企業選びに不安を感じている候補者にとって貴重です。

　自社だけでなく、業界全体やその仕事内容について説明することも効果的です。候補者は、特定の企業には興味がなくても、その企業が属する業界には関心を持っている場合があります。業界の全体像を説明し、そのうえで自社の位置づけを示すことで、印象に残る説明会になります。

　説明会に登壇する従業員自身のキャリアを語ることも、候補者の共感を呼びます。さまざまなことを経験した従業員の思いを伝えることで、候補者は身近に感じ、「この会社で働きたい」という気持ちが芽生えます。

　説明会を企画する際には、候補者目線に立ち、候補者にとって魅力的で有益なコンテンツを提供することが基本です。説明会への参加意欲を高め、自社への関心を引き出すことができます。

2-9 OB・OG訪問

OB・OG訪問とは、企業の採用活動における、その企業に勤める大学などの先輩従業員と、就職を希望する後輩との面談を意味します。この取り組みは、企業、候補者、OB・OGそれぞれにとって意義があります。

企業にとっては、優秀な人材の発掘と採用につながります。OB・OGを通じて、自社の文化にマッチする候補者を見極めることができます。

一方、候補者にとっては、企業の実態や社風、業務内容を深く理解するチャンスです。説明会やWebサイトでは得られないリアルな情報を、OB・OGから直接聞けます。先輩従業員のキャリアパスを知ることで、自分の将来をイメージすることにもつながります。

OB・OG自身にとっては、成長の機会です。自分のキャリアや業務について振り返り、後輩に説明する中で、自己理解が深まります。後輩との対話から、新たな視点や刺激を得ることもできます。さらには、かつて自分が受けたサポートを後輩に返す、恩返しの機会にもなりえます。

ただし、OB・OG訪問を効果的におこなうには、候補者のニーズを把握し、それに合ったOB・OGを選定することが必要です。企業は事前アンケートや個別面談を通じて、候補者の関心やニーズを理解し、それに応じたOB・OGを選びましょう。

OB・OGには、自身の経験に基づいてリアルで具体的な情報を提供してもらいましょう。成功事例だけでなく、困難だった経験も共有することで、候補者はより現実的な期待を持つことができます。

2-10 職場見学

職場見学は、候補者が企業の雰囲気を直接感じ、業務内容や働く環境を理解するための貴重な取り組みです。パンフレットでは伝えきれない職場の空気感を知ることは、まさに「百聞は一見にしかず」で、候補者は自分がその

企業に適しているかを判断しやすくなります。

　実際の現場を観察することで、どのような雰囲気の中で働くのかをイメージできます。また、オフィスの設備や休憩スペースなどの環境も確認できます。従業員との会話を通じて、その職場でうまくやっていけるかどうかも探ることができます。

　職場見学をうまく進めるために、さまざまな工夫が必要です。

　まず、見学のプログラムやスケジュールを準備し、企業文化や業務内容にくわしい案内役を設定します。

　候補者が企業の魅力を最大限に感じられるように効率的な見学ルートを設定し、業務風景を見せることでリアルな職場の様子を伝えます。

　座談会やランチタイムを利用した従業員との交流の場を設けたり、候補者がかんたんな業務を体験できるようにしたりするのもいいでしょう。

2-11 応募手続き

　候補者は、気になる企業の選考に応募をします。その際の手続きは、できる限りシンプルなものにしましょう。候補者にとって煩雑な手続きは心理的な負担となり、応募をためらうことがあります。いわゆる人気企業でない限り、手間のかかる手続きはだれでも避けたいものです。シンプルな手続きにすることで、より多くの候補者が気軽に応募できます。

　応募時に、すべての情報を得る必要はありません。選考プロセスの中で、段階的に必要な情報を取得することができます。応募時には最低限の情報を取得し、それ以降で詳細な情報を求めることで、候補者の負担を軽減しつつ、必要なデータを収集できます。

　企業にとっても、シンプルな応募手続きは効率的です。大量の応募書類を管理する手間を減らし、初期段階では本当に必要な情報だけを収集することで、選考プロセスを迅速に進めることができます。

2-12 採用担当者の対応

　採用担当者の対応は、候補者の企業に対する印象を左右します。特に、面接やその前後でのやりとり、企業説明会などの接触はクリティカル・コンタクトと呼ばれ、非常に重要です[2-7]。採用担当者の態度や行動が、企業全体の印象に影響を与えます。

　また、採用担当者は単に企業の代表者として候補者と接するだけでなく、候補者の立場に寄り添い、企業選びの伴走者となることが求められます。

　採用担当者による穏やかな対応は、候補者に安心感を与え、リラックスした状態で自分自身を表現できるようにします。候補者は、本来の能力や性格を発揮しやすくなり、企業側もより正確に候補者を評価できるようになります。

　キャリアカウンセリング行動として、候補者のキャリア目標や希望を聞き、強みや弱みを一緒に分析し、より良いキャリア選択をサポートすることも大切です[2-8]。

　このような対応を通じて、候補者は自分に合った企業を選びやすくなります。結果的に、企業と候補者の双方にとって良いマッチングが実現できます。

[2-7] Behling, O., Labovitz, G., and Gainer, M. (1968). College recruiting: A theoretical base. *Personnel Journal*, 47, 13-19.

[2-8] Harn, T. J., and Thornton, G. C. (1985). Recruiter counselling behaviours and applicant impressions. *Journal of Occupational Psychology*, 58(1), 57-65.

問い

1 カジュアル面談の目的をはっきり伝え、「評価しない」ことを候補者に伝えていますか？
リラックスした雰囲気を作るなど、候補者の不安を和らげる工夫をしていますか？

2 ダイレクトリクルーティングでは、候補者1人1人に合わせたメッセージを作っていますか？
候補者の価値観や経験を尊重し、前向きなフィードバックを提供する姿勢で臨んでいますか？

3 職場見学では、見せたい場所だけでなく、実際の仕事の難しさや課題が見える部分も含めていますか？
候補者に現実的な職場イメージを持ってもらう工夫をしていますか？

COLUMN

RJP
（リアリスティック・ジョブ・プレビュー）

RJP（Realistic Job Preview）は、採用プロセスにおいて、候補者に対して現実の仕事内容や職場環境を伝えることを指します。

企業は、採用活動において、自社の良い面を中心にアピールしようとします。それ自体は自然な行動です。しかし、そこにはリスクも伴います。入社後に期待と現実のギャップが生じることをリアリティショックと呼びますが、これはモチベーションの低下や早期離職の原因となります。

RJP は、このリアリティショックを避けるために重要な役割を果たします[2-9]。企業は RJP を通じて、ポジティブな面だけでなく、挑戦や困難な面も含めて現実的な職務内容を候補者に伝えなければなりません。

候補者は、入社前に職務のリアルな側面を理解し、入社後のギャップを減らすことができます。採用プロセスにおける透明性が高まることで、候補者との間に信頼関係が築かれやすくなります。

RJP の方法としては、職場見学や 1 日体験の提供、現場の従業員との対話などがあります。候補者に職場環境を体感してもらい、仕事の具体的な状況や困難について聞く機会を設けることで、リアルな情報に触れることができます。

RJP を通じて、企業が正直に自社の実態を伝えれば、候補者は入社前に自分に合った職場かどうかを判断でき、企業と候補者とのミスマッチを減らすことにもつながります。

※2-9　Phillips, J. M. (1998). Effects of realistic job previews on multiple organizational outcomes: A meta-analysis. *Academy of Management Journal*, 41(6), 673-690.

PROCESS »

PART

03

選考

> **EXとほほエピソード**

スタートアップ勤務 清水ゆいが
転職活動で垣間見たJTCの衝撃

　（前章の続き）一方、その清水ゆいはといえば、転職活動を開始していた。双葉とは異なり、ガチの本気モードである。

　チャレンジ意欲が旺盛。イベントを企画したり何か新しいことを始めるのが大好き。そんな性格もあって、ゆいは新卒でスタートアップ企業に就職。バリバリと動き、成果も出していた。その一方で、新興スタートアップ企業の限界や"疲れ"も感じ始めていた。

　スピードと急成長を求める。その姿勢はいい。スタートアップ企業なのだから、まあそうなるだろう。投資家や金融機関、メディアのウケがいいのも理解できる。しかしながら、事業の成長ばかりが強調され、いわば急成長が自己目的化しすぎている。社員数が100名を超えたあたりからだろうか、ゆいはそう感じるようになった。

　「会社が人を置き去りにしている」

　その違和感は、ゆいのまわりのマネージャーや同僚からもちらほら聞こえてきていた。

　「経営陣は、会社の成長だけではなく、私たちのこともっと見てほしい……」

　1か月前に去った年次が2つ上の先輩も、そう言い残して大企業に転職していった。最近になって、ついにメンタル不調による休職者も出始めた。

正直、今までのノリだけで頑張り続けられそうにない。会社についていけない。そう思い、ゆいは転職情報サイトを頻繁にのぞくようになった。

　1週間前、ある企業の募集要項がゆいの目を留めた。日本坂興産（にほんざかこうさん）。社員数およそ4,000人。わが国ではおそらく知らない人はいない、屈指の商社である。役員も、総じてスーツ＆ネクタイ姿のシニアな男性の顔ぶれがズラリ。いわゆる老舗の日系大企業だが、その硬派なイメージとは裏腹に、最近は人気アニメやグループユニットを起用した地方創生のプロモーションや新製品のコラボイベントなども企画しており、勢いがいい。その日本坂興産が、マーケティング職の担当者を募集している。ゆいの心は揺さぶられた。

　しばらく悩んでから、転職情報サイトの「このポジションにエントリーする」をクリックした。

　……と、そこまではよかった。その後の画面に示された、次の1行にゆいは目を疑った。

「履歴書、職務経歴書は本人の自筆で作成し事前に郵送すること」

　えっ、いまどき手書きの書類の郵送を求めるのですか!?
　応募者とて決して暇……もとい、時間の余裕があるわけではない。ゆいも、現職で忙しく仕事をしている。なにより、転職希望者はその会社だけに応募しているとは限らない。電子ファイルやWebフォームを受け付けてくれれば、応募先の数だけわざわざ書類を作成しなくても済む。受け取るほうもラクであろう。そもそも、転職情報サイトを活用しているにもかかわらず、なにゆえ手書きと郵送

を求めるのだろうか。ひょっとして、組織文化や仕事の慣習のアップデートが機能していない組織なのだろうか?

　ゆいは気になって、ほかの転職情報サイトで日本坂興産の評判を見てみることにした。すると、応募方法の古さを指摘する声以外にも、気になる投稿が目に留まった。

　「面接はすべて平日日中の時間帯を一方的に指定され、かつフォーマルウェアが必須」

　そう来たか。

　最終面接ならばさておき、面接がすべからく平日日中の時間帯かつ先方の指定日時に合わせないといけないのは、就業中の身にはなかなか厳しい制約条件だ。

　服装の指定も悩ましい。ゆいが勤務するスタートアップ企業は、カジュアルウェアが基本。にもかかわらず、面接のある日に（午前半休や午後半休は取得するにせよ）、突然スーツで出社したら、どう考えてもまわりに怪しまれる。「転職活動しています」と言っているようなものである。それは避けたい。

　社風なのかもしれないが、なかなかの上から目線……もとい、強気な姿勢である。

　「これが、JTC（Japanese Traditional Companies）ってやつか!」

　募集や面接の段階からこれでは、先が思いやられる。仕事の進め方やコミュニケーションの仕方も、相当お堅いであろう。頑張って入社できたとしても、その後息苦しくなるに違いない。

　ひょっとしたら、応募のハードルをあえて上げることで、本気の候補者だけに絞りこみたい狙いがあるのかもしれない。大手の人気

商社である。ある程度、応募数を減らしたい事情もあるのだろう。意図を聞いてみたい気もする。

とはいえ、ゆいにはその背景を知る由もなかった。なぜなら、日本坂興産を転職候補先から外すことにしたからである。

💡 本章のポイント

選考プロセスは、企業と候補者が互いを評価し、最適なマッチングを目指す大事な局面です。しかし、このプロセスをうまく運用しないと、双方にとって問題が発生する可能性があります。

選考の中心となる面接では、企業は候補者の能力や適性を見極めるだけでなく、自社の魅力を伝える必要があります。この見極めと惹きつけのバランスが崩れると、優秀な人材を逃したり、入社後のミスマッチを引き起こしたりすることがあります。

特に、面接官の評価はさまざまなバイアスの影響を受けやすいため、これを認識せずに選考をおこなうと、候補者の真の能力を見逃す危険があります。

また、対面の面接との違いを理解せずにオンライン面接をおこなうと、コミュニケーションの質が低下し、適切な評価や魅力の伝達が難しくなります。

面接以外の選考方法も、うまく活用しなければ効果が出ません。リファレンスチェック、適性検査、さらに企業の口コミなどを軽視したり、誤って解釈したりすると、候補者の適性を正しく把握できず、採用の質が低下します。

さらに、選考中のトラブル対応や魅力的な福利厚生の提示など、候補者の視点に立った取り組みも大切です。これらをおろそかにすると、企業イメージの低下や候補者の離脱を招き、人材獲得のチャ

ンスを逃す結果となりかねません。

　本章では、これらの課題への対策を考察し、効果的な選考プロセスの作り方を探ります。適切な選考を通じて、企業と候補者双方にとって最適な結果を引き出すことが、良質な体験づくりへの道となります。

体験機会

3-1 面接

　採用プロセスの中で、多くの企業が面接をおこなっています。面接とは、企業が新しい従業員を採用する際に実施されるもので、面接官と候補者が質問や対話をおこないます。

　面接には、「見極め」と「惹きつけ」という2つの目的があります。「見極め」は候補者が自社に合った能力や性格を持っているかを判断すること、一方、「惹きつけ」は候補者に自社に入社したいと思ってもらうことです。

　面接は、候補者と企業の相互評価の場です。企業が候補者を見極めるのと同時に、候補者も企業を見極めています。後者が惹きつけに当たります。

　しかし、見極めと惹きつけを同時におこなうのは難しく、一方に偏るともう一方が疎かになりがちです。よほど熟練した面接官を除き、見極めと惹きつけを役割分担するといいでしょう。

　たとえば、複数の面接官がいる場合、1人は見極めを担当し、もう1人は惹きつけを担当する方法があります。一次面接は見極めを中心に、二次・最終面接は惹きつけを中心にするなど、面接の段階ごとに分ける方法もあります。

❶ 見極め

面接における見極めにはさまざまなバイアスが作用し、評価の精度が下がることがあります[※3-1]。たとえば、第一印象バイアスでは面接のはじめに形成された印象が評価に影響を与えますし、類似性バイアスでは面接官が自分と似た外見や経験を持つ候補者を好む傾向があります。確証バイアスでは、面接官が自分の信念に合った情報に焦点を当て、反する情報を無視しがちです。コントラストバイアスは、ほかの候補者との比較により評価が変わることを指し、ステレオタイプバイアスでは性別や年齢に基づく偏見が評価に影響します。これらのバイアスは、情報処理を簡略化したり集団の結束を強化したりするなどの機能がありますが、面接の見極めには不適切です。

ところが、厄介なことに、バイアスは無意識に働き、「こんなバイアスがある」という知識を得るだけでは防ぐことが難しいとされています[※3-2]。バイアスは面接経験を積んでも是正されにくく、むしろ強化されることさえあります。

適切な評価をおこなうためには、バイアスを少しでも抑えなければなりません。そのためのポイントの1つは、評価のタイミングです。

多くの面接官は、面接中や面接直後に候補者を評価しますが、これは必ずしも最善ではありません。ひと晩寝かせてから改めて評価を検討することをおすすめします。昨日は気づかなかった候補者の新たな側面に気づくでしょう。

翌日の評価の際に、前日とは反対の立場に立って考えてみるのも有効です[※3-3]。たとえば、面接直後に「合格」と判断した候補者に対し、翌日は「不合格にするとしたら、どのような理由があるだろうか」と考えます。異なる視点から検討することで、候補者の適性を多角的に判断できます。

[※3-1] Levashina, J., Hartwell, C. J., Morgeson, F. P., and Campion, M. A. (2014). The structured employment interview: Narrative and quantitative review of the research literature. *Personnel Psychology*, 67(1), 241-293.

[※3-2] Nisbett, R. E. and Borgida, E. (1975). Attribution and the psychology of prediction. *Journal of Personality and Social Psychology*, 32, 932-943.

[※3-3] Lord, C. G., Lepper, M. R., and Preston, E. (1984). Considering the opposite: A corrective strategy for social judgment. *Journal of Personality and Social Psychology*, 47(6), 1231-1243.1

❷ 惹きつけ

　候補者数より求人数の多い「売り手市場」が続く中で、面接を通じた惹きつけはますます重要になっています。惹きつけにおいて、まず突破すべきは初対面の壁です。

　面接官と候補者は、初対面の関係です。初対面では不安を感じ、うまく会話できるか自信がないものです。そこで、アイスブレイクが大事になります。候補者が準備してきた内容を尋ねると、気が楽になります。面接官が自身の経験を話すのもいいでしょう。

　面接中の惹きつけのキーワードは「フィット」です。候補者に「あなたはこの会社に合っている」とフィット感を伝えることで、志望度を高めることができます[3-4]。ここにおけるフィットには、3つの種類があります[3-5]。

　1つめはサプリメンタリー・フィット。候補者と自社の類似性です。

　たとえば、「あなたの変化を恐れない姿勢は、挑戦を重視する私たちの企業文化と合っています」と伝えます。

　2つめはニーズ・サプライ・フィット。候補者のニーズに自社が応えられることです。

　たとえば、「専門性の開発に注力しているあなたに、当社では先進的なプロジェクトへの参加機会を提供できます」と伝えます。

　3つめはデマンド・アビリティ・フィット。自社が求める能力を候補者が持っていることです。

　たとえば、「複数のプロジェクトを同時に管理してきたあなたは、マルチタスクを求める当社のチームにとって貴重な戦力となるでしょう」と伝えます。

❸ オンライン化

　新型コロナウイルス感染症の流行を機に、多くの企業がオンライン面接を導入し、今やオンラインと対面を組み合わせた面接プロセスが主流となりつつあります。オンライン面接の利点は、次のようなものです。

- 移動の手間が省ける
- 地理的な制約を受けずに優秀な人材を獲得できる
- スケジュール調整が容易

　しかし、オンライン面接と対面の面接には違いがあります。オンライン面接では、身ぶり手ぶりや視線などの非言語情報が減少するため、見極めと惹きつけの有効性が異なります。

　じつは、オンライン面接は、見極めの精度において、対面の面接を上回ります[3-6]。非言語情報の減少により、面接官は候補者の発言内容により集中でき、適性をより正確に評価できるからです。非言語情報は、面接官の判断にバイアスをもたらす可能性があるのです。

　他方で、惹きつけの面では、オンライン面接は対面の面接に劣っています[3-7]。非言語情報の減少は、会話の質を低下させ、候補者が「自分の能力を十分に発揮できなかった」と感じさせる可能性があるからです。

....

[3-4]　Dineen, B. R., Ash, S. R., and Noe, R. A. (2002). A web of applicant attraction: Person-organization fit in the context of Web-based recruitment. *Journal of Applied Psychology*, 87(4),723-734.

[3-5]　Kristof, A. L. (1996). Person-organization fit: An integrative review of its conceptualizations, measurement, and implications. *Personnel Psychology*, 49(1), 1-49.

[3-6]　Gorman, C. A., Robinson, J., and Gamble, J. S. (2018). An investigation into the validity of asynchronous web-based video employment-interview ratings. *Consulting PsychologyJournal: Practice and Research*, 70(2), 129-146

[3-7]　Straus, S. G., Miles, J. A., and Levesque, L. L. (2001). The effects of videoconference, telephone, and face-to-face media on interviewer and applicant judgments in employment interviews. *Journal of Management*, 27(3), 363-381.

3-2 リファレンスチェック

　リファレンスチェックとは、候補者の元同僚や元上司、取引先などに問い合わせて、候補者の経歴や人柄、仕事ぶりを確認することです。次の2つの方法があります。

- 候補者自身に推薦文を用意してもらう
- 採用側が直接問い合わせる

　特に中途採用や管理職クラスの採用では、候補者の実際の能力や適性を見極めることが求められます。面接や適性検査だけでは限界があるため、リファレンスチェックが活用されます。

　リファレンスチェックは、単なる身元調査ではありません。候補者が自社で戦力となりうるかを見極めることが目的です。面接において、候補者が自己アピールのために能力や実績を誇張することもあります。リファレンスチェックは、その妥当性を確認する手段となります。

　一方、候補者にとっても、リファレンスチェックにはメリットがあります。自らの能力や実績を第三者から証明してもらう機会となり、アピールにつながります。海外では、リファレンスチェックを受けることがステータスと捉えられている場合もあります。

　しかし、日本ではプライバシーへの配慮や、退職者を好ましくない人材と捉える企業もあるため、リファレンスチェックの活用には課題があります。企業側としては、候補者の意向を尊重しつつ、慎重に実施するべきでしょう。

3-3 適性検査

　適性検査には「能力検査」と「性格検査」の2種類があります。能力検査は、言語、空間、数学、記憶などの知的能力を測定するもので、個人の最大

値を評価します。一方、性格検査は、外向性、協調性、勤勉性など、人の安定した傾向を捉える検査です。

　適性検査の一般的な使い方としては、候補者の見極めがあります。自社がどのような人材を求めているのかを検討したうえで、たとえば、外向性や粘り強さなどの性格面と、言語能力や論理的思考力などの能力面といった具合に、適性検査の中で注目する概念を決めます。

　他方で、適性検査は惹きつけにも使えます。適性検査で候補者の特徴を捉え、自社へのフィットを伝えることで、志望度を高められます。その際、サプリメンタリー・フィットとデマンド・アビリティ・フィットの2種類を示すと効果的です。

　たとえば、協調性のスコアが高い候補者に対して、次のように伝えるのがサプリメンタリー・フィットです。

「あなたは周囲と協力して働くことが得意です。当社ではチームワークを大切にしているので、ぜひ力を発揮してください」

　一方、次のように伝えるのは、デマンド・アビリティ・フィットです。

「あなたの分析力の高さがあれば、当社の市場調査部門で活躍できるはずです」

　適性検査は、人を除外するためではなく、個人の特徴を理解し、活躍のためのサポートを検討する材料として活用するのが生産的です。信頼性、妥当性、公平性といった品質基準を満たした適性検査を、自社の目的に合わせて適切に活用することで、選考の質を高められます。

3-4 口コミ

　採用における口コミの重要性が高まっています。口コミは、企業内の実態に関わる情報を十分に持っていない候補者にとって、企業への入社リスクを判断するうえで影響力を持ちます。

　口コミの効果を最大化するために鍵を握るのは、口コミの発信源がだれであるかです。研究によると[3-8]、採用担当者よりも現場で働く社員からの口コミのほうが企業の魅力度に影響します。また、それほど親しくない知人よりも仲の良い友人からの口コミのほうが情報の信頼性が高いことがわかっています。

　口コミが伝えられる状況も重要です。オンラインでの口コミは情報の信頼性を評価しにくいのに対し、オフラインでの口コミは情報の質が高いと認識されやすいと指摘されています。

　さらに、口コミの内容も効果に差をもたらします。企業の魅力度への影響は、採用サイトでは企業の情報よりも個人の情報のほうが大きいのに対し、口コミでは個人の情報よりも企業の情報のほうが大きいのです。

　また、具体的な事実を伝える「道具的な情報」よりも、主観的で抽象的な「象徴的な情報」のほうが、候補者の動機形成に貢献します[3-9]。

　要するに、口コミの効果を最大化するためには、現場で働く社員や候補者の友人から、オフラインで、企業の象徴的な情報を伝えてもらうことが有効なのです。

※3-8　Van Hoye, G., and Lievens, F. (2007). Social influences on organizational attractiveness: Investigating if and when word of mouth matters. *Journal of Applied Social Psychology*, 37(9), 2024-2047.

※3-9　Lievens, F., and Highhouse, S. (2003). The relation of instrumental and symbolic attributes to a company's attractiveness as an employer. *Personnel Psychology*, 56(1), 75-102.

3-5 トラブル発生時のサポート

採用選考では、候補者が予期せぬトラブルに直面することがあります。

- オンライン面接での通信障害
- 提出書類の不備
- 会場への到着の遅れ
  など

こうした状況下で、企業がどのように対応するかは候補者の企業に対する印象を左右します。

トラブルへの対応では、企業は候補者の立場に立ち、柔軟かつ誠実な姿勢を示しましょう。たとえば、オンライン面接で通信障害が発生した場合、再接続を試みたり、別の日時に変更したりするなど、候補者の事情を考慮した対応が求められます。トラブルの責任を候補者に帰属させたり、一方的に面接を打ち切ったりするような対応は、候補者に「この会社では失敗が許されない」という否定的な印象を与えかねません。

また、トラブルによる不利益を選考評価に反映させないことも肝要です。面接の遅延や書類の不備など、候補者の能力とは直接関係のない問題を理由に評価を下げたり不合格にしたりするのは慎重であるべきです。候補者の能力や性格に基づいて公平に判断することが求められます。

トラブル対応の過程で、企業の担当者が候補者とコミュニケーションをとり、フォローをおこなうことで、候補者は「この企業は誠実で、人間関係を大切にしている」と感じるかもしれません。このようなポジティブな体験は、たとえ採用に至らなくても、候補者が企業に対して良い印象を持ち続ける要因となります。

3-6 福利厚生

　近年、企業が提供する福利厚生に注目が集まっています。魅力的な福利厚生は、優秀な人材を惹きつけ、定着率を高める効果があります。特にコロナ禍以降、充実した福利厚生を求める傾向が世界的に強まり[3-10]、企業にとって福利厚生の見直しが急務となっています。

　福利厚生には、健康保険や育児支援、住宅手当など、さまざまな内容が含まれます。研究によると、福利厚生の充実度が高い企業ほど、プラスの影響があることが明らかになっています[3-11]。魅力的な福利厚生が優秀な人材を惹きつけ、競争力を高めるためです。また、従業員の定着率を高める効果も確認されています[3-12]。

　ただし、福利厚生が従業員の仕事への意欲や満足度に与える影響には個人差が大きいことも指摘されています。金銭的な手当が効果的な場合もあれば、直接的な影響がない場合もあります。従業員のニーズは多様であり、画一的な福利厚生では不十分です。

　企業は、候補者のニーズを捉えた福利厚生を提供することが求められます。

- キャリア形成や自己実現に関する支援を求める層
- 育児支援や柔軟な働き方に期待する層
- 健康管理や生活支援に対するニーズを持つ層

　など多様なニーズを把握し、それぞれに適した福利厚生を用意する必要があります。

......

[3-10]　Zhang, O., and Xue, Y. (2023). Employee resignation study in Fairfax County. *Journal of Emerging Investigators*. https://doi.org/10.59720/22-141

[3-11]　Yoon, J., May, K., Kang, J., and Solomon, G. (2018). The impact of emotional self-management on benefit offerings and employment growth: an analysis of the fastest growing businesses in the United States. *International Entrepreneurship and Management Journal*, 15, 175-194.

[3-12]　Yamamoto, H. (2011). The relationship between employee benefit management and employee retention. *The International Journal of Human Resource Management*, 22(17), 3550-3564.

問い

1 面接では、「見極め」と「惹きつけ」のバランスを意識していますか？
どちらかに偏りすぎて、優秀な人材を逃したり、入社後にミスマッチが起こったりしていませんか？

2 適性検査の結果を、候補者を除外するためではなく、その人の特徴を理解し、サポート方法を考えるための材料として活用していますか？
また、結果を候補者へのフィードバックや配属先の決定に役立てていますか？

3 選考プロセス全体で、候補者の間でしっかりとコミュニケーションを取っていますか？
候補者に自社をよく理解してもらい、入社後のミスマッチや早期離職のリスクを減らすための工夫をしていますか？

PART

03

選考

COLUMN

ワークサンプルテスト

　採用における選考方法としては、面接が一般的ですが、ほかにも手法はあります。「ワークサンプルテスト」は、有効な手法の1つです。

　ワークサンプルテストでは、候補者に実際の業務に近い作業をおこなってもらい、そのパフォーマンスを評価します。たとえば、デザイナーの採用であれば、実際に広告やロゴのデザインを作成してもらうことで、そのスキルを確認できます。

ワークサンプルテストの魅力は、候補者の実践的な能力を評価できる点にあります。面接だけでは見えにくい、実務で必要となるスキルや問題解決力を、正確に把握することが可能です。テストで高い評価を得た候補者は、仕事でも優れた成果を上げやすいという研究もあります[3-13]。

　また、ワークサンプルテストは候補者にとっても納得感のある選考方法です。自分の強みを存分に示すことのできる機会であり、そのスキルを正当に評価してもらえると感じられるからです。テストを通じて、求められる業務内容や期待も理解でき、入社後のミスマッチ防止にもつながります。

　ただし、ワークサンプルテストを導入する際は、いくつか注意すべき点があります。

　まず、職務に即した課題設計が求められます。何を測るためのテストなのか、目的を明確にし、必要なスキルを洗い出しておく必要があります。

　また、評価基準をあらかじめ定めておくことも重要です。複数の評価者で採点することで、評価の客観性を担保するのも一案です。

[3-13] Schmidt, F. L., and Hunter, J. E. (1998). The validity and utility of selection methods in personnel psychology: Practical and theoretical implications of 85 years of research findings. *Psychological Bulletin*, 124(2), 262-274.

PROCESS »

PART

04

採用／入社準備

EXとほほエピソード

転職をキメた双葉、その先に待ち構えていたモヤモヤ

夏休みの気配も終わりつつある8月の下旬、ゆいは転職を成功させ、ほかの会社の社員として元気に活躍していた。

ヒルガノフーズ株式会社。食品の生産、販売、流通などを手がける東京本社の企業で、ネット通販を足がかりに最近では「道の駅」などに併設した直営の店舗を全国に展開。自社オリジナルブランドの肉や野菜なども生産・販売し、世間の注目を集めている。その肉と野菜を使ったハンバーグレストランチェーン「あざやか」も、週末を中心に大人気だ。創業12年目の若い会社だが、すでに社員数1,000名を超え、上場も果たしている。いわゆる「メガベンチャー」と呼ばれる企業の1つだ。

ゆいは、ヒルガノフーズのマーケティング担当として採用された。スタートアップの文化とノリに疲れつつ、とはいえJTCの呼吸に合わせるのもつらい……そんなゆいにフィットする企業であるといえよう。入社して2か月、ようやく新しい職場環境にも慣れてきた。

ゆいの誘いで、双葉もヒルガノフーズの面接を受け、晴れて採用されることになった。いわゆるリファラル採用（自社の従業員に候補者を紹介してもらう採用活動）というやつだ。双葉にとってもはじめての転職。わからないことだらけで戸惑いの連続だったが、ゆいのアドバイスと猛烈な後押しもあり、内定通知を手にすることができた。

ところが、ここから先何をどうしたらいいのかわからない。

ヒルガノフーズの人事担当者からは、2週間前に内定通知のメールが届いたのみ。「おって、ご入社の手続きをご案内します」のひと言で、以降音沙汰がない。

配属先の部署は決まってはいるものの、どんなメンバーと働くことになるのか、どんな仕事を任されるのかも皆目見当がつかない。

面接は全部で3回。一次面接は人事担当者、二次面接は部門長、最終面接は担当役員と。一緒に働くことになるであろう部課長や担当者とは一度も顔を合わせていない。

また、双葉のことが配属先の人たちに、どのタイミングで、どの程度周知されるのかもわからず、なんとももどかしい。じつはヒルガノフーズの担当者とは、現職で仕事でのやりとりが多少なりともある。どのタイミングで転職を相手にカミングアウトするか気を遣うところでもある。なにより入社日初日に、配属の人たちから「この人、だれ⁉」のような顔をされないだろうか……。

そして、せっかくなら入社前までに新たに求められる知識を身につけておきたい。入社予定日は11月1日。まだ2か月以上の猶予がある。どんな領域の知識を習得しておいたらいいか、取得しておいたほうがいい資格などはないか、どんな本を読んでおいたらいいか、できることなら知っておきたい。

だれと、どう働くのかもわからない。入社までにどんな心持ちでいたらいいか、どんな準備をしておいたらいいかもわからない。

「思いきって、自分から聞いてみたほうがいいのかしら？」

内定通知のメールとにらめっこする双葉。「返信」ボタンを押そうかどうか、モヤモヤしていた。

PART

04

採用／入社準備

> ### 本章のポイント
>
> 「内定」で採用はひと段落しますが、企業と候補者の本当の関係が始まる瞬間でもあります。この時期を軽視すると、築いた関係が壊れてしまうかもしれません。
>
> たとえば、採用通知が遅れたり、不適切な条件交渉がおこなわれたりすると、内定者はほかの会社に流れてしまいます。内定者のニーズや期待を理解せずに進めると、入社後のミスマッチや早期離職の原因になります。入社前の説明や周囲の理解促進が不十分だと、組織に適応するのが遅れます。
>
> 本章では、内定から入社までの期間における企業と内定者の相互理解を促進し、人材の定着と早期戦力化を実現する方法について考えます。

体験機会

4-1 採用通知

採用活動の終盤になると、企業は最終選考を合格した候補者に「採用通知」を送ります。これは、候補者を雇用することを約束する書類です。

採用通知には、入社開始日、勤務地、給与などの雇用条件が記載されています。試用期間の長さや、入社までに提出しなければならない書類なども書かれています。

採用通知の送付タイミングには注意が必要です。最終面接から通知までの期間が長すぎると、候補者が不安になり、他社のオファーを受け入れる可能性もあります。採用が決まったら、できるだけ早く通知を送り、候補者との

信頼関係を築くことが大切です。

　採用通知は、事務的な連絡で済ませず、候補者に喜びと期待を感じてもらえるように工夫しましょう。候補者の強みや魅力、期待する活躍について具体的に述べると効果的です。通知時に、電話や直接会って祝福の言葉をかけることで、特別感を演出することもできます。

　採用通知と一緒に、内定者向けの資料を添付したり、内定者専用のウェブサイトを案内するなど、入社までの期間を有意義に過ごせる情報を提供すれば、候補者の満足度を高めることができます。

4-2　条件交渉

　条件交渉は、企業と候補者双方にとって重要な局面です。企業は、優秀な人材を確保するために、候補者のニーズを理解し、適切に対応しなければなりません。候補者にとっては、自分のキャリアパスや働き方について、企業と合意形成を図る機会です。

　給与の交渉では、候補者の経験やスキルに見合った報酬を検討しつつ、同時に、業界や職種の市場価格を踏まえ、長期的な昇給の可能性も考えましょう。

　勤務条件については、候補者のライフスタイルに合わせた柔軟な働き方を求める声が高まっています。企業がテレワークやフレックスタイム制度、各種休暇制度などを整えることで、候補者のワークライフバランスを支援し、企業の魅力を高めることができます。

　役職や職務内容についても、候補者の経験や能力に見合ったものを示し、将来的なキャリアパスを明確にすることが重要です。

　場合によっては、入社後一定期間、本来の役職よりも低い役職からスタートし、職場の文化や業務に慣れた後に本来の役職に就く方法をとる企業もあります。この方法には、適応に際したストレスを軽減し、パフォーマンスを向上させる効果があります。

「交渉」とありますが、要するにコミュニケーションです。候補者とのコミュニケーションを通じて、企業文化や業務環境について十分な情報を提供することは、候補者の入社後のリアリティショックを緩和し、早期退職リスクを軽減します。

条件交渉は対立ではなく、協調的におこないましょう。企業と候補者が共通の目標を見つけ、互いのニーズを理解し合うプロセスです。相手の立場や意見を尊重し、誠実な態度で臨み、柔軟に対応することで、信頼関係を築くことができます。

4-3　入社前インストラクション

入社前インストラクションは、内定者が入社までの間に企業から受ける情報提供や、それに伴う機会を指します。この期間は、内定者と企業の双方にとって重要な時期であり、適切なインストラクションをおこなうことで、円滑な入社と早期の組織適応につながります。

入社前インストラクションの内容は多岐にわたります。

まず、入社手続きに関する情報提供が求められます。入社日や勤務地、必要な書類などを伝え、内定者の不安を解消しましょう。社内のルールを学ぶ場を提供することも可能です。

また、内定者同士のネットワークづくりを支援しましょう。内定者の懇親会やグループワークを通じて、内定者同士の交流を深め、入社後の定着を促進することができます。たとえば、懇親会では、自己紹介やアイスブレイクのゲームをおこない、内定者同士の親睦を深めます。グループワークを通じて、内定者同士が協力して課題に取り組む機会を設けるのもいいでしょう。

いずれにしても、企業側の丁寧な対応が不可欠です。内定者とのコミュニケーションを密にとり、不安や疑問にも真摯に向き合いましょう。内定者の状況や悩みを把握し、必要なフォローをおこなうことも重要です。

入社前インストラクションは、内定者の組織適応を助け、早期のエンゲー

ジメント向上を実現します。内定者が自社の一員であると実感できるよう、きめ細やかな情報提供をおこない、人材の定着につなげましょう。

4-4 入社手続き

入社手続きは、企業にとってさまざまに活用しうる情報を得られるプロセスです。書類の準備だけではなく、新しく入社する人材に関する情報を収集し、適切に活用することが求められます。

手続きの複雑さや煩雑さが内定者の負担となることもあるため、フローを明確に定め、可能な限り電子化するなど、負担を減らすようにしましょう。また、わかりやすいマニュアルやFAQを用意して、不安や疑問に対応します。

収集した情報を管理し、関係者と共有することも考えられます。特に、内定者の専門知識やスキル、過去の職務経験、配属先での業務に関連する配慮事項などを、同意を得たうえで職場に共有することで、効果的なサポートが可能になります。もちろん、プライバシーに関わる情報は慎重に取り扱いましょう。

内定者の性格に関する情報も、配属先の決定や上司との相性を考えるうえで役立ちます。性格診断テストの結果を職場に共有することで、内定者の能力を最大限に発揮できる環境を整えることに結びつきます。たとえば、初期配属では類似する性格の上司にしたり、性格に乖離しない仕事を付与したりすることが考えられます。

4-5 周囲の理解

内定者が周囲の理解を得ることは、良いスタートを切るうえで重要です。ここでいう周囲とは、内定者の家族や友人と、入社後の上司、先輩、同僚のことです。

内定者のまわりにいる家族や友人は、内定者のキャリアを応援し、サポートする重要な存在です。内定者は、新しい職場での役割や期待について説明し、家族や友人の理解を得ることが望ましいでしょう。

　次に、上司、先輩、同僚からの理解を得ることも、内定者が組織に適応するために不可欠です。入社前に可能な限り、上司や先輩とコミュニケーションを取り、期待される役割や目標を明確にしておきたいところです。

　企業側としては、内定者が周囲の理解を得るためのサポートをおこないましょう。内定者と上司、先輩、同僚がコミュニケーションをとる機会を設け、内定者の不安を解消し、期待を明確にします。また、家族向けの説明資料や内定者同士の交流会などを開催することで、内定者が周囲の理解を得やすい環境を整えられます。

　内定者自身が積極的にコミュニケーションを取り、理解を得ることが基本ですが、企業側もサポートをおこない、内定者が周囲の理解を得られるよう努めましょう。

4-6　キャリア開発

　内定期間にキャリア開発を支援することは、内定者が入社後に適応し、組織内で成果を上げるために効果的です。特に、内定者の職業探索行動に焦点を当てるのがいいでしょう。職業探索行動には、企業の文化や業界のトレンドを理解するための環境探索と、自分のキャリア目標を見つめ直す自己探索の2種類があります[4-1]。

　内定者は、両方に取り組むことが求められます。環境探索を通じて、内定者は新しい職場で求められるスキルや知識を把握し、自分がどのように貢献できるかをイメージできるようになります。一方、自己探索は、仕事に対する意欲や姿勢を強化し、仕事役割の理解につながります。

[4-1]　竹内倫和・高橋正泰 (2010)「新卒採用者の入社前の職務探索行動と組織社会化に関する縦断的研究：職業的アイデンティティの役割」『Informatics』第3巻、47-58頁。

内定者がこれらの職業探索行動を進めるためには、企業側のサポートがあったほうがいいでしょう。内定者が企業選びの軸を再確認し、自分のキャリア目標を明確にするためのセッションをおこなうといった方法が考えられます。

　セッションでは、内定者に自分の強みや価値観、将来のキャリアビジョンについて考えてもらい、それらを企業の文化や求める人物像と照らし合わせて、マッチングを最終確認します。そうすることで、入社に向けた心理的な準備が整います。

　入社前のキャリア開発は、内定者が自分自身を深く理解し、組織や職務に対する適応力を高めるためのステップです。企業がこの期間を有効に活用し、内定者の自己探索を促進するためのプログラムを提供することで、内定者は早期から高いパフォーマンスを発揮することができます。

問い

1 採用通知が、ただの事務連絡になっていませんか?
候補者が喜びや期待を感じられるように、その人の強みや、自社でどのように活躍してほしいかを具体的に伝えていますか?

2 内定者が周囲の理解を得られるようにサポートしていますか?
内定者が上司や先輩、同僚と話しやすいようにコミュニケーションの機会を設けていますか?

3 内定期間中にキャリアのサポートをおこなっていますか?
内定者が自分のキャリア目標を明確にし、会社や仕事に早く慣れるための手助けをしていますか?
環境のことや自分自身についての理解を深めるためのサポートをおこなっていますか?

COLUMN

予期的社会化

　予期的社会化とは、新しい環境や役割に入る前に、その環境や役割について学び、適応していくプロセスです。たとえば、企業選びをしている候補者が内定先の企業について事前に情報収集したり、内定者向けの研修に参加したりすることが、予期的社会化の方法です。

　予期的社会化は、組織的予期的社会化と職業的予期的社会化の2つに分けられます[4-2]。組織的予期的社会化では、特定の組織に入る前に、その組織の文化や期待される役割について学びます。一方、職業的予期的社会化では、特定の職業に必要な知識やスキル、職業の価値観などを学びます。

　予期的社会化は、新しい環境への適応や成功に影響を与えると考えられています。特に、内定期間における予期的社会化は、入社後の適応や定着、さらには活躍につながりえます。内定者が入社前に会社の文化や業務内容について理解を深め、自分の役割をイメージできるようになることで、入社後の適応が可能となります。

　企業にとっても、内定者の予期的社会化を支援することは、早期離職の防止や戦力化につながる取り組みです。内定者研修を充実化させる、先輩社員とのコミュニケーションの機会を設けるなど、さまざまな施策を通じて内定者の予期的社会化を促進することが求められます。

　個人にとっても、新しい環境に入る前に情報収集をおこなったり、関連する経験を積んだりすることで、予期的社会化を進めることが

できます。このように、予期的社会化は、組織と個人の双方にとって新しい環境への適応を促進します。

※4-2 Jablin, F. M. (1987). *Organizational entry, assimilation, and exit*. In F. M. Jablin, L. L. Putnam, K. H. Roberts, and L. W. Porter (Eds.), *Handbook of organizational communication: An interdisciplinary perspective*, Sage Publications, Inc.

PROCESS »

PART

05

オンボーディング

EXとほほエピソード

雑すぎる受け入れ

　そして迎えた11月1日。双葉がヒルガノフーズでの新たなキャリアを踏み出す、記念すべき日だ。

「いよいよだね。双葉と同じ会社で働くことになって、うれしいよ！」

　新しい職場に着くか着かないかのタイミングで、ゆいからうれしいメッセージも届いた。
　オフィスは思ったよりガランとしていた。テレワークを活用している人、地方都市に居住しながらフルリモートワークで勤務している人も少なくない。双葉はイマドキの働き方にも心躍らせながら、応接室で人事担当者が現れるのを待った。双葉のほかにも2名、今日から中途入社と思しき男性と女性が居合わせている。軽く会釈を交わす。
　まもなく人事担当者が入室した。双葉たちは会社の組織体制と人事制度の説明を受け、続いて入社手続きの書類のやりとりをし、最後に社員証を受け取ってその場は終了。ここまでざっと1時間。

「では、みなさんを配属先にご案内いたします。ここからは各所属長のインストラクションに従って……」

　人事担当者が、新参者3名を廊下に出るよう促す。

（え、ええっ⁉　人事のオリエンテーションはもう終わり⁉）

　双葉は軽くカルチャーショックを受けた。前職に新卒で入社した時は、各部門の紹介、会社の制度説明や過ごし方、工場見学、コミュニケーション研修、同期入社社員同士のネットワーキングなど、最初の1週間は全社のオリエンテーションがあり、そこから現場配属だった。社風の違いによるものか、それとも中途採用だから簡素なのか。いろいろ聞きたいことがあるが、自分で聞け、あるいは、自力で解決しろということなのだろうか。せめて、同期入社の人たちとの挨拶の時間くらいあっても……

　急かされるように、着任先の部署に案内される双葉。

（きっと所属部署で、もう少し丁寧な説明があるに違いない。きっとそう）

　そう自分に言い聞かせ、新しい部署の扉を開ける

　総勢51名の部署。だが、この部署もテレワークをしている人がおり、出社率は50％といったところか。少しこわ張った表情の双葉を、部門長の多賀（たが）がジェントルな笑顔で迎え入れてくれた。多賀とは、面接で一度だけ会っている。

「チームリーダーの大津（おおつ）さんを紹介します。とりあえず大津さん、それからメンバーの加茂（かも）さん、小笠（おがさ）さんと一緒に動いて、わからないことがあったら適宜みなさんに聞いてください」

　それだけ言い残すと、多賀はどこかに去っていった。リーダーの大津は、ぱっと見、双葉より5つ上くらいといったところか。物静

かそうな男性だ。落ち着いた風貌だが、突然新入社員を預けられてあたふたしている感じがする。加茂と小笠の姿は見えない。どうやら、2人とも今日はテレワークのようだ。

「えっと、ええと、そうですね。ではとりあえずチームの Slack に鮎沢さんを招待しますので、そこで自己紹介からしてもらいましょうか……」

そんなこんなで、Slack に入りメンバーとチャットで顔合わせ。その後、大津から業務説明を足早に受ける。おおよその仕事の内容と自分の役割は理解できた。
だが、チームメンバーのだれがどんな仕事をしているのか、さらには困ったときにだれに相談すればいいのかがわからない。双葉は、大津にどうしたいいか聞いてみた。

「ああ、とりあえず Slack で僕かチームメンバーのだれかにメンションつけてメッセージしてください……」

大津は、頭の後ろを掻きながらつぶやいた。
双葉は、業務一覧表や業務標準書などはないのか問うてみた。それらがあれば、ひとまず読み込んでおいて、業務の全体像や詳細を把握したり、どんな時にだれに声を上げて動いたらいいのかアタリも付けやすくなる。関連する業務知識を、自分なりに前もって調べることもできる。ところが、大津の返答は「そんなものはない」のひと言。どうやら、この職場にはものごとを書き残す文化というか習慣がないようだ……。
まあ、嘆いていても仕方がない。とにかくチームメンバーと一緒に動いてみて慣れるしかないのか。

そう思ったとき、多賀が自席に戻り、思い出したように双葉に声をかけた。

「そうそう。鮎沢さんが慣れるまでの間、少なくとも今月いっぱいは、毎週僕と 1on1 ミーティングをしましょう。困ったことがあったら、そこで相談してください。僕のスケジューラを見て、空いているところを 30 分確保してもらえますか？」

多賀は双葉が「はい」と返答するのを確認し、またそそくさとどこかに行ってしまった。その隙に、大津は自分のノートパソコンを立ち上げ、自分の作業に没入。ううむ、話しかけにくい。

フォローアップのための 1on1 ミーティングをしてくれるのはありがたい。だが、相手が大きすぎないか？　部門長に日々の仕事の困りごとを相談して解決するものなのだろうか。お互いピンと来ずに終わってしまわないか。それ以前に……

双葉は多賀のスケジュールを見て、軽く眩暈がした。

「多賀さんのスケジュール、会議だらけで全然空いていないじゃない！　いったい、どの隙間に 1on1 をぶち込めと……」

こういう時、皆どうやってサバイブしているのかしら？

そもそも、有給休暇の申請などの切り出し方のお作法なども、どうしたらいいのかわからない。

双葉だけではなく、同じタイミングで入社したほかの 2 名も困っているのではないか。相談してみたいが、名前を聞く時間すらなかった……。

双葉がこの職場の呼吸になじむまでの道のりは険しそうだ。

> ### 💡 本章のポイント
>
> 　オンボーディングは、新入社員が会社に早くなじむためのプロセスです。これは仕事の知識を伝えるだけでなく、会社の文化や価値観を理解し、人間関係を築くための取り組みです。このプロセスが不十分だと、新入社員は孤立感や不安を感じ、早期に辞める可能性が高まります。そうなると、採用コストの増加や仕事の遅れが発生し、チームの生産性が低下して、既存の社員の士気も下がります。
>
> 　もちろん、新入社員自身の積極的な行動も重要ですが、そうした行動の重要性を明示し、奨励しないと、特にキャリア採用者は周囲への働きかけが不足しがちです。その結果、社内ネットワークの構築が遅れ、情報収集や協力体制の確立に時間がかかります。
>
> 　本章では、新入社員が会社に早くなじむための施策について検討し、1人1人に寄り添ったサポートのポイントをお伝えします。適切なオンボーディングプロセスの実施は、新入社員の成功だけでなく、会社全体の持続的な発展にも寄与します。

体験機会

5-1　入社時オリエン

　入社時のオリエンテーションは、新入社員が会社に順応するための大切な機会です。新入社員が必要な情報を得ながら、会社にスムーズに適応できるようサポートします。

　オリエンテーションでは、新入社員を既存社員に紹介し、既存社員の役割や経験を共有します。そうすることで、お互いの理解が深まり、組織全体で

新入社員を受け入れる体制が整います。また、新入社員と既存社員が自然に交流できる場を提供し、背景や興味を共有することで、良好な関係を築く基盤を作ります。

オリエンテーションの進行方法は、会社の文化や価値観を反映したものにします。たとえば、コミュニケーションを大切にする企業では、質問や意見交換を積極的に促す形式を取り入れます。新入社員は会社の文化を感じながら、組織に溶け込むことができます。

必要な基本情報は簡潔にわかりやすく伝えますが、情報を一方的に伝えるだけでなく、新入社員が自分で理解を深められるような工夫も加えましょう。

オリエンテーションは、入社直後の適応だけでなく、長期的なキャリア形成の出発点でもあります。会社のビジョンや成長の機会を共有し、新入社員が将来を見据えて働けるようにします。

新入社員の背景や経験は多様であるため、画一的なアプローチではなく、個々のニーズに応じた対応を心がけましょう。たとえば、キャリア採用者と新卒採用者では必要な情報や支援が異なる場合もあるので、それぞれに適した内容を提供します。

オリエンテーションは一度きりのイベントではなく、継続的なサポートの始まりです。その後のフォローについても説明し、新入社員が安心して新しい環境に臨めるように支援します。

5-2 配属時オリエン

配属後の受け入れも、オンボーディングの成否を分けます。オンボーディングには３つの段階があります[5-1]。第一段階は、同僚や上司との人間関係を築くこと。第二段階は、組織の規則や方針に従うこと。第三段階は、組織の価値観を理解し、それを行動に取り入れることです。新入社員が組織に受け入れられたと感じるまでには約３ヶ月、能力を発揮できるようになるまでには約６ヶ月かかるという研究もあります[5-2]。配属時には、このプロセス

を助ける取り組みをおこないましょう。

　まず、新入社員に対して「適応期間」を設定します。適応期間中は、高いパフォーマンスを求めず、適応するための時間と学習の機会を与えます。上司や同僚は、新入社員がなじむまで時間がかかることを理解しなければなりません。

　何より、新入社員が早く職場に慣れるためには、周囲との関係構築を促すことが重要です。積極的にコミュニケーションをとり、挨拶や雑談を通じて距離を縮め、情報共有を徹底します。

　リラックスした雰囲気で話ができる、非公式な場を設けることも一策です。昼食を一緒に取ったり、仕事外の話題で盛り上がったりする機会を作って、新入社員の趣味や関心事を知り、共通点を見つけるように努めます。社内イベントへの参加を促したり、新入社員の業務を手伝ったり、「何か困っていることはないか」と声をかけたりするのもいいでしょう。

　新入社員の貢献を見つけ、感謝の気持ちを言葉で伝えることも効果的です。小さな貢献でも見逃さず、認めるように心がけましょう。

5-3　アサインメント

　新入社員を迎え入れる際、適切な仕事を割り当てなければなりません。新入社員のスキルや興味を考慮し、それに合った業務を提供することで、能力を最大限に発揮し、早期に成果を上げることができます。そのような成功体験は、新入社員の自信を育み、職場環境への適応を促します。

　自信に満ちた新入社員は、新しいアイデアや方法を試すことができ、職場全体の活性化にもつながります。また、初期の成功体験は将来の挑戦に対するモチベーションの基盤となり、長期的なキャリア形成にも好影響を与えます。

※5-1　高橋弘司（1994）「組織社会化段階モデルの開発および妥当性検証の試み」『経営行動科学』第9巻2号、103-121頁。
※5-2　Feldman, D. C. (1977). The role of initiation activities in socialization. *Human Relations*, 30(11), 977-990.

他方で、新入社員の能力やニーズを考慮せずに無計画に仕事を割り当てる企業がないわけではありません。必要な支援を受けられないまま難しい仕事に直面した新入社員は、準備や理解が不足した状態で業務に取り組むことになり、期待された成果を上げることができません。これでは新入社員のストレスを増大させ、自信を失わせる原因となります。

　新入社員には計画的に仕事を割り当て、助言を提供するようにしましょう。たとえば、新入社員向けの研修を開発したり、学習リソースを提供したりすることで、適応を支援することができます。

　また、社内勉強会を開催し、優れた取り組みや成功事例を共有することで、新入社員は組織内の知見を学ぶことができます。業務フローや手順をまとめたマニュアルを作成し、保存することで、新入社員はいつでも必要な情報にアクセスできるようになります。

5-4 　入社後フォローアップ

　入社後しばらく経った後に、人事が新入社員のフォローをおこないます。人事担当者は、採用を通じて新入社員のニーズや能力を把握しているため、その情報をもとに、新入社員が良い状態で働けているかを確認できます。

　まず、定期的に新入社員と話す機会を設けます。そうした機会を通じて、新入社員の悩みや困りごとを聞き出し、必要に応じて手助けします。人事担当者は、新入社員の職場にはいません。直接の利害関係がないため、相談しやすい存在であるという利点があります。新入社員も気楽に話すことができ、素直に助言を受けることができます。

　社内の人物を紹介することもありえます。たとえば、技術的な問題であれば、その分野にくわしい先輩社員を紹介するなど、新入社員が困ったときに頼れる資源を提供します。

　人事担当者は、新入社員との連絡を取り続けましょう。「自分には困ったときに頼れる人がいる」と新入社員に感じてもらえます。新入社員は、職場で

孤独感を覚えにくくなり、ポジティブな気持ちで業務に取り組むことができます。

逆に、フォローやサポートがない場合、新入社員は孤独感を募らせることになります。1人で悩みを抱えることで、ネガティブな気持ちが増し、離職に至ることもあります。

5-5　メンタリング

新入社員へのメンタリングは、組織への適応と成長を促します。単発のイベントではなく、継続的に関わることで、新入社員は徐々に組織になじんでいくことができます。

先輩社員がメンターとなり、新入社員と定期的に1対1のミーティングをおこなうことは、業務上の課題や悩みの解決、キャリアパスの相談に役立ちます。メンターは、職場の文化や業務の進め方を丁寧に教えながら、新入社員の成長を伴走します。

チームでメンタリングをおこなうのも1つの手です。チームで集まって話し合ったり、ときには一緒に業務改善活動に取り組んだりするのです。新入社員は組織の一員としての自覚を持ち、協調性を養うことができます。

ただし、メンタリングにおいては、新入社員が常に助けを求める立場に置かれると、依存心や申し訳なさを感じる可能性があります。そこで、リバース・メンタリングの考え方を取り入れることがおすすめです。ここにおけるリバース・メンタリングとは、新入社員が持つ知識や経験を活かして、既存の社員に助言や支援を提供することを指します。たとえば、前職での経験がある新入社員ならその知見をもとに先輩社員の相談に乗ったり、新卒者ならば最近の学生事情について意見を述べたりすることで、組織に貢献できます。

リバース・メンタリングを導入することで、新入社員は自分が組織に対して価値を提供できていると実感し、自己肯定感や満足感が高まります。これは、職場適応とモチベーションの向上につながります。既存の社員にとっても、新

しい視点やアイデアを得る機会となり、組織全体の活性化に寄与します。

　新入社員のメンタリングは、人事部門が中心となって推進することが望ましいでしょう。新入社員の適応と成長を支援するための仕組みを作り、粘り強く運用しましょう。

5-6　業務サポートの仕組み

　新入社員が組織に適応し、活躍するためには、上司や先輩社員からのサポートが欠かせません。サポートには、大きく分けて4つの種類があります[5-3]。

❶ 道具的サポート

　締め切りが迫ったプロジェクトの手伝いや必要な機材の貸し出しなど、問題解決に直接役立つ実践的な支援を指します。

❷ 情緒的サポート

　ストレスを感じている新入社員の話に耳を傾けたり、困難な状況での励ましなど、共感や思いやりを通じた支援です。

❸ 情報的サポート

　新しい業務システムの使い方を教えたり、難しい顧客への対応方法を助言したりするなど、問題解決や意思決定に役立つ情報提供を意味します。

❹ 評価的サポート

　新入社員の仕事ぶりを認めたり、自分の強みと弱みについて一緒に話し合ったりするなど、自己理解や自己評価に役立つフィードバックを与えることを指します。

[5-3]　House, J. S. (1981). *Work stress and social support*. Reading, MA: Addison-Wesley.

これらのサポートが不足していると、新入社員はストレスや不安を抱えたまま業務に取り組むことになります。必要な情報やアドバイスが得られないことで、ミスや遅延が発生し、生産性の低下も招くでしょう。自分の強みや価値を認めてもらえない環境では、自信とやる気が低下し、能力を十分に発揮できなくなってしまいます。

　一方で、適切なサポートを受けることで、新入社員の体験の質は向上します。道具的サポートによって業務上の問題解決がスムーズになり、情緒的サポートによってストレスが軽減されるため、安心して働くことができます。情報的サポートを通じて必要な知識やスキルを効率的に習得でき、評価的サポートによって自己理解や自信が深まることで、自発的な成長や挑戦が促されます。

　これらのサポートに加えて、新入社員の適応を促進するための働きかけとして、ポジティブ・フィードバックが挙げられます。新入社員の個人特性を肯定し、組織がその価値を認めることで、適応に向けた試行錯誤を可能にするアプローチです。たとえば、新入社員の取り組みに対してタイムリーに肯定的な声がけをおこない、何が良かったのかを伝えることで、モチベーションの向上につなげることができます。

　新入社員の組織適応は、一朝一夕に完了するものではありません。上司や先輩社員は、状況に応じてさまざまなサポートを提供し、新入社員の成長を根気強く支えていく必要があります。

　組織が新入社員1人1人に寄り添い、きめ細やかなサポートを提供することは、新入社員が自分らしく能力を発揮しながら活躍できる土台を築くことにほかなりません。

問い

1. キャリア採用者に対して「即戦力」としての期待が大きすぎて、適応するための時間や支援を十分に提供していないことはありませんか？
経験があるからこそ必要なサポートがあることに気づいていますか？

2. 新入社員へのサポートは、道具的、情緒的、情報的、評価的という4種類をバランスよくおこなえていますか？
その時々の状況に応じて、適切にサポートの種類を変えていますか？

3. ポジティブ・フィードバックを意識的におこなっていますか？
新入社員の取り組みに対して、タイムリーに良かった点を伝え、その理由を具体的に説明していますか？

COLUMN

プロアクティブ行動

　新入社員は、ただ受動的に仕事を受けるだけでなく、自ら積極的に周囲に働きかけることで、より早く環境に適応することができます。これをプロアクティブ行動と呼びます[5-4]。プロアクティブ行動を取ることで、新入社員は自分を取り巻く環境をより早く理解し、自分にとって良い環境を作り上げることができます。

　たとえば、次のようなことがプロアクティブ行動に含まれます。

- 組織や仕事に関する情報を収集するために、周囲の社員に話しかけたり、会議に自発的に参加したりして、業務フローやプロジェ

クトについて質問する

- 同僚や上司との関係を築くために、ランチや休憩時間に同僚と過ごし、非公式なコミュニケーションを図る

　先輩社員との非公式なメンター関係を築き、仕事の進め方や文化の疑問を相談することも大事です。自分の仕事内容や実行方法を改善しようとしたり、自分の強みを活かせるプロジェクトに自ら名乗りをあげたりするのもいいでしょう。仕事以外の活動にも参加すれば、社内のネットワークを広げることができます。

　ただし、キャリア採用者は、新卒採用者に比べて、周囲に働きかける行動をとらない傾向があります。新卒採用者は他者に支援を求めるのに対し、キャリア採用者は自分で解決しようとすることが多いのです[5-5]。

　そのため、企業側はプロアクティブ行動が歓迎されることを明示しましょう。新入社員がプロアクティブ行動を取ることは、オンボーディングの成功に欠かせない要素であることを伝える必要があります。オリエンテーションや入社後の面談、評価の機会を通じて、上司やメンター、時には経営層からもプロアクティブ行動の重要性を伝えます。

　プロアクティブ行動を取ることで得られるメリットについても共有しましょう。プロアクティブ行動を通じて、新入社員は自分の能力を発揮し、組織内での存在感を高めることができます。

※5-4　Grant, A. M., and Ashford, S. J. (2008). The dynamics of proactivity at work. *Research in organizational behavior*, 28, 3-34.
※5-5　Feldman, D. C., and Brett, J. M. (1983). Coping with new jobs: A comparative study of new hires and job changers. *Academy of Management journal*, 26(2), 258-272.

PROCESS »

PART

06

業務遂行

EXとほほエピソード

権限不明、
ルート不在からの相談先迷子

　その傍ら、ゆいは新しい職場環境にもなじみ、バリバリと成果を出し始めていた。草創期のスタートアップ企業を経験してきたからか、わからないなら自分で動いて道を作る——その呼吸が身についているのであろう。前職でマーケティング業務の型も体得しているつもりだ。ただ、ゆいが身につけたマーケティングの型は経験と独学で身につけたものであり、自己流なのが自分でも若干気になり始めてはいる。

　……と、細かなことを気にしていても仕方がない。とにかく目の前の仕事を進めるのみ。ゆいは今、新たな企画をまとめるのに大忙しだった。

　その企画とは、他社と共催のマーケティングイベント。ヒルガノフーズでは、これまですべてのイベントを自社単独の企画でもって実施してきた。自社で内製でこなすのもいいのだが、ゆいは広がりに限界を感じつつあった。実際、ここ最近のイベントは客足も効果も伸び悩んでおり、部門としてもマーケティング施策の見直しは大きな課題の１つだった。「共創」の時代とも言われている。そろそろ、自社だけで頑張ろうとするやり方を変えたい。具体的な共催相手も２社すでにアタリをつけている。共催イベントは会社にとっても初の試みである。それだけに腕が鳴る。ゆいの心も高鳴った。

　……と、企画案をまとめたところまではいいが、ここから先はだれに相談したらいいのだろう。

　企画を具現化するうえでフィージビリティ・スタディ（事業化の

可能性を調査する行為）もしておきたく、調査会社に支払う予算も確保して執行したい。10万円程度なので、おそらく部長か課長の決裁でイケるだろう。

　さらに、社外のマーケティングのコミュニティにも参加したい。月1回、平日日中の時間帯に、オンラインか集合形式いずれかの形態で、複数の企業のマーケティング担当者が集まって学習や交流をしあうものだ。そのコミュニティに、ゆいが共催したいと思っている相手も参加しているらしい。いきなりオフィシャルな相談を持ちかけるのではなく、コミュニティでも関係構築を図っておきたい。業務時間内の取り組みとはいえ、お金が発生するものではない。それなら承諾してくれるだろう。

　ところで、これらの相談をする場合の決裁者はだれだろう？

　何か新しいことを始めるとき、あるいは問題や課題に気づいたとき、だれに、どう相談したらいいのか、よくわかっていない。社内ポータルを探してみたが、ルールなども掲載されていない様子だ。

「とりあえず、上里（かみさと）さんに相談じゃね？」

　課長の土山（つちやま）は、脊髄反射でそう答えた。もう少し一緒に悩んだり、何かしら判断してくれてもよさそうなものだが、想定内の反応だった。

　土山に意思決定の四文字はない。その上の部長も然り。些細な相談事も、部門長の上里にそのまま投げるだけだ。

　いったい課長とは、部長とは。そんな問いを自分自身に投げかけつつ、ゆいは「わかりました」とだけ答え、土山とのそれ以上の対話をあきらめた。

さっそく上里に相談しようと思うも、相変わらず会議の連続で、上里は捕まらない。会議の断続渋滞は、この会社の"管理職あるある"なのだろうか。なかには不必要な会議もありそうなものだが。

　ゆいは Slack のグループチャット画面を立ち上げ、上里にメンションをつけ、相談内容をタイピングした。

　ところが、1日たっても2日たっても上里から回答がない。その時、トイレの手洗い場でたまたま上里と遭遇した。今がチャンス。ゆいは上里に「Slack のチャット、見ていただけましたでしょうか？」から切り出した。その反応は、衝撃的なものだった。

「えっ、Slack!?　チャット!?　そんなもの見てないわよ」

　まさかの開き直りのひと言。上里はせわしくハンカチを取り出し、その場を去ろうとする。そして、振り返りざまに、とどめのひと言。

「あのね、そんなに大事な用件なら、チャットで済ませるのではなく、普通メールで連絡するものよ。あとは電話を寄越すとか、やりようがあるでしょう……」

　いきなりお説教モード。

（はっ、フツウって何ですか!?）

　ゆいは心の中でそう毒づいた。どうやら、ゆいのフツウは、この会社でのフツウではないらしい。そのギャップは、ある程度は理解できる。それよりも解せないのは……

（上里さん、あなた会議だらけで、電話なんてしたって出やしない
じゃないですか）

ゆいのモチベーションも、目の前の洗面台に流されつつあった。

その一方で、双葉は……
自分が担当することになった業務の、過去の事実確認に四苦八苦
していた。業務プロセスに不備が見つかり、関連部署とちょっとし
たトラブルが発生して、その対応をすることになったのだが、どん
な経緯でそのプロセスになったのか、だれがどう判断してそうなっ
たのか、資料が残っていないのだ。過去の担当者のメモ書きみたい
なものは断片的に紙や電子ファイルで残っているのだが、ストー
リーが把握できない。これでは、今回のようなトラブルの際に関係
者が迷惑をこうむるし、何より後任の担当者にまともな引き継ぎも
できない。

「この苦労を、後世に引き継いではいけない！」

双葉は覚悟を決め、自分が手を動かして業務設計書を作り始める
ことにした。

PART

06

業務遂行

> ### 💡 本章のポイント
>
> EX（従業員体験）を良くしようとするとき、採用やオンボーディングのプロセスなど入口ばかりに意識が向きがちです。入口の整備も大事ですが、私たちの組織人としての生活は通常業務が大半を占めます。組織に参画した後の体験、すなわち日々の仕事の仕方やコミュニケーションの取り方など、日常の業務遂行の仕方の改善やアップデートを疎かにしては、良い EX は形成されません。
>
> 「入ってみたらガッカリした」
> 「見た目だけを綺麗にしている会社」
>
> など、組織に対してかえってマイナスなイメージが従業員に形成されることもあります。「神は細部に宿る」ということわざがありますが、EX もまた日常の細部に宿るのです。
> 本章では、意思決定、ワークスタイル、コミュニケーション、課題解決や改善など、日常の業務遂行における EX 改善のポイントを解説します。

体験機会

6-1 意思決定プロセス

意思決定の仕方は、その組織の体（たい）を現すと言っても過言ではありません。意志決定の手順やスピード、使用するツール、権限の集中の仕方などは、従業員の日々の仕事の仕方や思考パターンに影響を及ぼし、従業員体

験を良くも悪くもします。

　従業員に限らず、意思決定のあり方は顧客や取引先、採用候補者など生活者（第1章）や候補者（第2章〜第4章）の体験も左右します。あなたも顧客などの立場で、企業の意思決定の仕方に感動した経験もあれば、ガッカリした経験もあることでしょう。

　ここでは権限設計、プロセス、ツール、スピードの4つの着眼点で、あなたの組織の意思決定の仕方を振り返ります。

図6-2 組織の意思決定の仕方の4つの着眼点

①権限設計	・だれにどのような権限があるのか、決裁金額やテーマに応じてだれに相談したらいいのかが明確になっているか。 ・特定の職位の人や部署に権限が偏りすぎていないか。
②プロセス	・不正がおこなわれないようなチェック機能やプロセスが存在するか。 ・いわゆる「グレーゾーン」が発生した時の意思決定プロセスが存在するか。 ・担当者や意思決定者が長期不在時の、代理決裁などのプロセスがあるか。 ・職位や立場に関わらず、意見や提言をする場や仕組みがあり機能しているか。 ・文房具1つ購入するのに稟議書を起案しなければならず、作文と社内回覧や手続きに時間がかかるなど、いちいち重厚長大なプロセスになっていないか。
③ツール	・汎用的な（たとえばクラウドサービスなどの）ワークフローシステムを活用するなど、時間や場所にとらわれずモバイル端末などで稟議の起案、回覧、確認、承認などができるようになっているか。 ・過去の決裁文章を参照して部分的に流用できるなど、作文に労力をかけすぎない仕組みになっているか ・過去の意思決定の経緯と履歴を検索しやすく、参照しやすい仕組みになっているか。
④スピード	・日常的な業務遂行の意思決定に時間がかかりすぎていないか。 ・上記①②③の改善による、意思決定スピード向上の取り組みがおこなわれているか。

　権限設計について補足を。会社のお金を使ったより大きな仕事、成長しがいのある仕事を管理職や従業員に経験してもらうのも大事な人材育成であり組織開発です。世の中には、部課長でさえ1円たりとも会社のお金を使うことを許されない企業や機関もあります。いつまでたっても管理職の目線も上がらず、自ら意思決定する習慣も身につかない。良い仕事、ましてや他社との良い共創もできないでしょう。コスト削減一辺倒ではなく、会社のお金を適切に使う。それこそが企業組織の強みであり、組織の懐の深さでもありま

す。支出をケチる企業は組織力も下がり、EX も損ないます。

6-2 ワークスタイル（変革）

働き方、および成果を出すための選択肢の豊富さ、実際に活用できるかどうか、および組織（全社または部門単位）としてワークスタイル変革に取り組んでいるかなども、EX を決める重要な要素です

近年、個人の事情に応じて、および各自が成果を出しやすい場所で就労することができるテレワーク／リモートワークも普及してきました。一方で、このような新しいワークスタイルや成果の出し方に否定的な企業や管理職も少なくありません。

筆者は、対面とリモートワークを柔軟に組み合わせたハイブリッドワークを推奨し、自らも実践しています。これからの時代は、旧来のやり方をトップダウンで押し通すのではなく、経営や中間管理職と従業員が対話をしながら、従業員が最適な働き方を主体的に実践していくマネジメントにシフトしていくべきではないでしょうか。

ワーケーションなど、自然豊かな環境で普段と景色を変えて社内外の人間関係や社会関係資本を構築したり、グループワークや中長期の対話、あるいは個人作業に集中する働き方も職種や業務内容、および個々の特性に応じて柔軟に取り入れていきたいものです。

6-3 コミュニケーション

職場や仕事の体験の多くは、コミュニケーションによって決まると言っても過言ではありません。日々のコミュニケーションの仕方やお作法、どのようなコミュニケーションツールを使用しているかなども、従業員の体験と行動に大きな影響を及ぼします。

- 階層を超えたコミュニケーションがおこなわれにくい組織と、そうでないフラットな組織
- 社内向けの資料の体裁や「てにをは」に細かくこだわる組織と、おおらかな組織
- 「石山部長」「伊達課長」など役職をつけて呼び合う組織と、「沢渡さん」などさんづけで呼び合う組織
- 会議で若手や職位の浅い人が意見を言いにくい組織と、だれでも意見を言いやすい組織
- 社内の役職者への気遣い第一優先の組織と、社外の人たちをより優先する組織
- 対面の説明にこだわる組織と、オンラインツールを活用してリモートで（も）対応する組織
- 電話／メール／ FAX が優勢な組織と、グループチャットや電子ファイル共有サービスなどを駆使する組織

コミュニケーションについて話は尽きませんが、ここでは目的・内容、トーン＆マナー、選択肢、方向の４つの着眼点でコミュニケーションを振り返ってみます。

❶ 目的・内容

多目的なコミュニケーションがおこなわれているかどうか。中身が伴っているか。

たとえば、業務指示と目先の仕事の進捗確認くらいのコミュニケーションしかおこなわれない職場があるとします。メンバーはマネージャーに、あるいはメンバー同士で、気軽に困りごとや気づきを共有できるでしょうか。中長期に目線が向くでしょうか。

コミュニケーションの目的および内容のバリエーションの事例を５つ挙げます。

図6-3 コミュニケーションの目的および内容の5つのバリエーション

①仕事の依頼	相手に仕事を依頼する、または相手から仕事を受けるコミュニケーション。 一方通行の指示型が強すぎたり、雑な依頼や丸投げが横行していたり、相手を下請け扱いして礼節を欠いていたりする職場では、ネガティブなEXが醸成されます。
②進捗確認	日々の業務の進捗確認です。対面による口頭コミュニケーションなどアナログな手段のみならず、オンラインミーティンググループチャットなどデジタルツールも駆使して、場にいない人たちとも共有しやすいやり方を当たり前にしていきたいものです。
③報連相やザッソウ	ザッソウとは、雑談と相談、あるいは体裁にこだわらない雑な相談を言います。 日々の業務の報連相（報告、連絡、相談）も重要ですが、それ以上にカジュアルな対話や未来の対話も大事にしたいものです。そこから組織の問題や課題、お互いの背景や制約条件、やりたいことや目指したい姿などが見えてくることがあります。
④相互アドバイス	指示型のコミュニケーションだけではなく、「聴き合う」対話型のコミュニケーションも。 そして、相手の意見に対して評価を下すのではなく、相互に感想を共有したりアドバイスをしあう場も創っていきたいものです。
⑤変化や成果の確認	相手の日々の仕事への取り組み方や創意工夫、または異変など行動や状態の変化や成果を1on1ミーティングなどで振り返り、言語化しあいましょう。 とりわけ変化の言語化は、相手が思ってもいなかった特性や強みに気づいてもらう効果がありますし、「この組織は、成果だけではなくプロセスや努力も見て評価してくれる」という安心感と効力感を育みます。変化と成果の言語化のコミュニケーションは、相手およびチーム全体の成長実感や達成感をも醸成します（達成感のリズムを刻みましょう）。 一方、半期や年に1回の評価面談で評決を下すような、「バッチ処理型」コミュニケーションだけでは、相手に改善を促すこともできないですし、関係もギクシャクさせかねません。

❷ トーン＆マナー

言葉遣いやツールの使い方なども、振り返り改善していきたいです。

お互いを「さんづけ」で呼ぶのか、職位で呼び合うのか。

「〇〇させる」など、相手を下に見るような表現を使っていないか。

オンラインミーティングツールや、グループチャットツールなどデジタルツールを駆使しているか。

世の中の動向も注視しながら、自らのやり方をアップデートしていきましょう。

❸ 選択肢

目的や内容に応じた、コミュニケーションの選択肢やツールのバリエーションがあるか。

たとえば、目先の進捗を確認するための 1on1 ミーティングしかコミュニケーションの選択肢がなければ（そもそも 1on1 ミーティングは業務の進捗確認をするためのものではないですが）、メンバーは困りごとを相談したり、仕事の進め方そのものの改善提案をする場もなく、コミュニケーション迷子になってしまいます。

ツールのバリエーションも重要です。社内コミュニケーションを Slack や Teams だけで完結させている企業もありますが、重要な通達や依頼事項などの情報も日常業務の情報と同列で流れていき（フロー情報になってしまう）、通知も煩わしく、後から探しにくかったり「見た」「見ていない」のトラブルを生むこともあります。他者に情報のありかの案内もしにくい。情報をストックする発想、かつ一覧性も勘案し、社内ポータルサイトなども立てて運用しましょう。

❹ 方向

多方向のコミュニケーションがおこなわれているか（手段や場があるかも含めて）も振り返っておきたいです。

図6-4 コミュニケーションの4つの方向

①縦の コミュニケーション	マネージャーとメンバー、経営層と各部門など階層を超えたコミュニケーションがおこなわれているか。
②横の コミュニケーション	部門間、本社と現場、部門長同士、部課長同士、担当者同士など横のつながりがあり、コミュニケーションがおこなわれているか。
③斜めの コミュニケーション	自部署の担当者と関連他部署の部課長、自チームのメンバーと他チームのメンターなど、斜めのコミュニケーションがおこなわれているか。
④外との コミュニケーション	顧客、取引先、業界他社、他業界他社、顧問や社外取締役など外の人たちとのコミュニケーションがおこなわれているか。 越境学習など外部の人と学び、自組織を振り返る機会が、従業員や意思決定層に定期的に提供されているか。

とりわけ外とのコミュニケーションは、いかなる組織も意識的に設けていきたいです。外気が入りにくい組織は、内向きかつモーレツな組織文化が醸成されやすく、ともすれば社会性に反する行動が正当化され、コンプライアンス違反を誘発しかねません。内向き×モーレツは、いまや経営リスク。組織のモラル崩壊やガバナンス崩壊を招かないためにも越境、すなわち組織の窓を開けて外の風に当たり続けましょう。

良いコミュニケーションをおこなうためには、マネージャー（経営陣を含む）とメンバー、それぞれのコミュニケーション能力向上のためのトレーニングも欠かせません。「07 能力開発／人材育成」にも関連します。

COLUMN

多方向との対話は、組織風土を健全に保つための保安システム

多方向のコミュニケーションは、組織が悪気なく独りよがりにならないためにも重要です。ある地方都市の中堅企業で実際にあったエピソードを。その企業では、若手の相次ぐ離職を問題視。「コミュニケーション不足が原因である」と結論づけたところまではよかったのですが、その対策が問題。

「毎朝、企業理念を唱和させる」
「管理職が訓辞を述べる」

さらに退職者が増えたそうです。

多方向のコミュニケーションを欠くと、悪気なく組織の発想が独りよがりになってしまうもの。そうならないためにも、縦横斜めそ

して外との対話を欠かさずに！

6-4 事務間接業務（の煩雑さ）

　物品購入手続き、契約手続き、出張申請、経費精算、勤怠管理、会議調整、稟議……これらの事務間接業務の煩雑さも、EX に大きな影響を与えます。

　前時代的、かつ紙・ハンコ・郵送ベースのアナログな仕事のやり方は、相手の時間と集中力を奪うのはもちろん、その事務間接業務を主管する部署の担当者（総務部門、経理部門、人事部門、購買部門、法務部門など）のエンゲージメントやエンプロイアビリティ（雇われうる能力。エンプロイアビリティが高いと、異動や転職、再就職の際に有利だと言われている）をも下げてしまう可能性があります。スリムな仕事の仕方、新しい仕事のやり方に対応できない、残念な人たちになってしまうからです。そうならないためにも、業務改善や能力向上にも積極的に取り組みましょう。

6-5 執務環境・IT環境

　職場の立地はもとより広さ、明るさ、清潔さ、臭いなどの執務環境や IT 環境も、日々の業務遂行の体験と質を左右します。些細な話だと思われるかもしれませんが、職場のトイレが和式でつらくて辞める人もいるくらいです。

　ABW（Activity Based Working）という考え方もあります。仕事や作業の内容や特性、および個人の特性に合わせて働く場所や環境を自由に選択できる環境や働き方を指します。最近は執務空間や社員食堂などをカフェのように明るく改装し、コミュニケーションをしやすくしつつも、集中ブースを設置して個人作業に集中しやすい区画を設けたり、お菓子とコーヒーでリラックスできるコーナーを設ける企業も増えています。こうした取り組みもABW の一環であり、EX 向上に貢献しているといえるでしょう。

6-6　業務改善

現場のメンバーが問題・課題を挙げることができるか。

それらが組織の問題・課題として正しく扱われ、改善されるか。

そもそも改善の仕組みやカルチャーがあり、機能しているか。

　ただし、何でもかんでも問題化して解決すればいいかというと、そういうものでもありません。個人レベルの相談や、現場で解決すべき些細な問題もいちいち大ごとになり、気軽に意見や違和感を発しにくくなる組織もあります。そうなると、だれも迂闊なことを言えなくなります。その様は「明るい独裁国家」のごとし。

- 中間管理職および担当者に権限移譲をする
- 仕事の優先順位づけをするトレーニングを施す
- ネガティブ・ケイパビリティ（なんでもすぐに解決しようとするのではなく、いったん保留にする能力や行動）を組織全体で身につける

　など、マネジメントのレベルを上げていきましょう。

6-7　コミュニティ

　VUCA と呼ばれる時代、組織やチーム、あるいは業界や地域の中だけでは解決できないテーマや、有意義な学びを得られないシーンも増えてきています。普段の職場の外の集団、いわゆるコミュニティなどに参画し、ものごとを解決する発想や選択肢があるかどうか。

　コミュニティには、社内の組織横断型のものもあれば、社外の人たちと形成するものもあります。また、オンラインとオフラインおよび双方を組み合わせたハイブリッドなコミュニティも多数あります。無償のものも、有償の

ものもあります。うまく使い分けていきたいものです。

中にない答えは、外に求める。その呼吸も身につけ、「ひとりで悩まない」「自分たちで抱え込まない」状況を創りつつ、越境体験と共創体験を増やしていきましょう。仕事力も課題解決力も高まり、ワンランク上の EX の質が醸成されるのは言うまでもありません。

図6-1 コミュニティの4象限

	社内	社外
オンライン		
オフライン		

問い

1 多様なライフステージにある人、時短勤務・副業兼業など組織との多様な関わり方をする人が能力・意欲を発揮できる状態ですか?

2 組織内外の多様かつ多方面のコミュニケーション手段の整備やアップデート、および能力開発がおこなわれていますか?

3 事務間接業務を含む、仕事のやり方を改めるプロセスが機能していますか?日々の仕事を通じ、メンバーや関わる人たちが成長実感を持てていますか?疲弊していませんか?

COLUMN

社内のカスハラにも要注意

　第1章で、カスタマーハラスメント（カスハラ）に対する企業姿勢について触れました。カスハラは、対顧客、すなわち外との関係だけにおいて発生するものとも限りません。社内においても、顕在化しにくい問題として存在することがあります。

　たとえば、現場が強すぎるカルチャーの組織においては、現場の管理職や担当者による本社スタッフに対してのあたりが強く、結果として強すぎる要求やクレームが横行〜ハラスメントに発展してしまうケースもあります。縦割りが強い企業において、部門間の仕事の押しつけあいが「ハラスメント」と呼ばれる行動に至ってしまうことも。

　筆者は社内ITヘルプデスクのマネージャーを複数の企業で経験したことがありますが、ユーザー（すなわちその企業のITシステムの利用者である従業員）のふるまいの傾向により、ヘルプデスクのスタッフのモチベーションもエンゲージメントも大きく異なるリアルを体感しました。

「この会社の社員サイテー」と思うか。
「この会社の社員はオトナで素晴らしい」と思うか。

　より良いEX醸成のためには、社内の見えないカスハラにも注視し対策していきたいです。

　もちろん、カスハラ対策だけではなく、当該部署（ここでは社内

IT関連部署）によるふりかえりと業務改善やサービス改善、スタッフの能力向上など価値向上の取り組みも欠かせません。その方法論と事例は、筆者の別著作『「推される部署」になろう』（インプレス）で解説しています。

PROCESS »

PART

07

能力開発／人材育成

EXとほほエピソード

育成への投資を渋る組織

「いまのままで、いいのだろうか？」

ゆいはヒルガノフーズに転職してから、いや、厳密に言えば前職のスタートアップに勤務していた最後の時期から、漠然と考えるようになった。

いまのままで、いいのだろうか？
その問いの矛先の1つはゆい自身に、そしてもう1つは会社組織に向けられていた。

ゆいは、今のマーケティングの仕事が天職だと思っている。仕事そのものも楽しく、やりがいもある。前職のスタートアップ企業でも、がむしゃらに走ってきた。今はそれでもいい。

しかしながら、これから先、ライフステージや環境が変わったらどうだろう。家族が増えるかもしれないし、あるいは家族や自分自身の環境や体調も変化するかもしれない。今までの成果の出し方では続かない。今風の言葉を借りるならば、サステナブルでない。

また、ゆいが身につけたマーケティングの型は自己流のもの。はじめて大きな組織に所属して、ゆいは自己流のやり方に限界と危うさを認識しつつある。チームメンバーとの温度差や、見ている景色のズレを感じるのはもちろん、やはり世間一般で流通している「共通言語」で話ができるようにしなければ、チーム内のコミュニケーションや育成はもちろん、他社との共創もしにくい。汎用的な型にのっとって仕事をしたほうが、知識やノウハウも得やすい。これは、

少人数のスタートアップでは気づきにくかった課題だ。

　ここから個人ではなく、チームで成果を出せるやり方を意識していかなければならない。そのためには、独学で身につけた体験資産も大事にしつつ、汎用的な型を自分自身が身につける必要があるし、まわりの人たちにも身につけてもらう必要がある。

　ゆいは最近インターネットのサイトで、マーケティングのトレーニングの研修プログラムを見つけた。3日間の集中プログラムで、他社の参加者との関係構築も期待できる。この研修をぜひ受けてみたい。できることならマーケティングチームの管理職やほかのメンバーと一緒に受講したい。ゆいはその週のチームミーティングで、思い切って提案してみた。

　「えっ……お金がかかるの。無理よ。そんな予算積んでいないし」

　部門長の上里は、開口一番ダメ出ししてきた。

　「そもそも、研修なんて受けて意味あるの？　3日間も仕事に穴があくのもつらいし、現実的じゃないと思うな……」

　課長の土山も、別の角度から上里に同調する。ほかの管理職やメンバーは、うつむいて黙ったままだ。

　どうやら、この会社には社外研修を受ける発想がないようだ。そういえば、入社してからOJTは受けているものの、いわゆるOFF-JTのプログラムを受けたことがない。

　1,000名を超える企業だし、人材育成にも力を入れていると期待したのだが、そのあたりの考え方は少人数のスタートアップだった時の発想から進化していないのかな。

　ゆいは、がっかりした。ここで自分は、プロのマーケターとして

PART

07

能力開発／人材育成

123

成長できるのだろうか。いや、なにより組織がこのまま健全に大きくなれるのだろうか。

　双葉もまた、別のモヤモヤに直面していた。

　自分が担当する業務の要件やプロセスを言語化および脱属人化すべく、業務標準書を作成していた。いままで先人の職人のカンと口伝で引き継がれてきて、なんとなく回っていた「業務らしきもの」を業務として正すためだ。このグダグダな状態をどこかで改めないと、今回のようなトラブルの時に関連部署や顧客に迷惑をかけることになるし、後任にきちんと引き継ぐこともできない。

　いまの業務プロセスが生まれ育った経緯や意思決定も書き物として残しておきたいが、聞きまわるしかない。ところが、中には双葉の質問や相談を煙たがる人もいる。忙しいからと返事をくれない人も。挙句の果てに、課長の１人からこんな冷たい言葉を放たれた。

　「そんなことしてどうするの？　成果は？」

　双葉は絶句した。双葉とて、決して目先の成果を出していないわけではない。忙しい仕事をこなしつつ、善意で業務改善に取り組んでいるのだ。そもそも、目先の成果が見えにくい改善業務や学習なども仕事として評価してほしい。

　また、改善のメソッドを体系的に学びたいとも思っていた。そのための外部研修も受けたい。だが、今の職場のこの雰囲気では、とてもではないが「外部研修を受けさせてくれ」など言えない。先日、社外の人たちと改善を学ぶコミュニティの話をしてみたが、管理職はだれ１人として興味を示してくれなかった。参加費がかからないコミュニティに対しても、そんなありさまである。ましてや、有償の研修なんて、関心を持ってもらえないだろう。

その点、前職は人の育成にはしっかり投資をしていた。管理職研修はもちろん、階層別や職域ごとに社内外の研修プログラムが用意されていて、そのほかも個々の関心に応じて年間1人5日程度の社外研修を受講することができた。双葉は、とりわけ社外研修を好んで受講していた。新たな能力が身につくのはもちろん、社外の人たちのグループワークや対話を通じて自分たちの仕事の仕方や意味を客観視することができ、視座も上がった。社外の人的ネットワークが広がったのも大きい。自分の能力を高め視野を広めてくれる。会社や職場に対するエンゲージメントも上がった。

　人の育成に、きちんとお金と時間をかける──それは、じつはJTCの良さの1つなのかもしれない。双葉は前職に感謝した。

　と、そこで双葉はあることに気がついた。

（ひょっとしてこの会社は、図体が大きくなっただけで、いわば子どものまま。マネジメントのレベルが創業期から上がっていないのではないか）

「いつまでも大人になれない組織」

　そんなフレーズが双葉の脳裏をよぎる。

　人の育成に投資をしない。なおかつ、目先の成果を出す人たちだけが評価されて管理職に登用されるも、組織や人に対するマネジメント能力があるわけではない。そういえば、一般社員はもちろん役員や管理職に対しても、マネジメント能力の向上を図る社外研修のようなプログラムが施されているそぶりはない。社外の人たちと研修を受けたり、対話する機会もないものだから、自分たちのマネジメント能力を他者と比較して振り返る機会もない。

　古いマネジメントのやり方がアップデートされず、時代や環境の

変化に追随できない。かつ、意志決定をしたことがない管理職も、温存または量産されてしまう。

　現状、管理職ごとにマネジメントの考え方や経験のばらつきも大きく（我流でマネージャーに昇格した人たちばかり）、正直どの管理職の下に配属されるかアタリ／ハズレも大きい（いわゆる「上司ガチャ」というやつだ）。その結果、適切なマネジメントがおこなわれず、チームのコンディションも個のパフォーマンスも悪くなる。

　その問題地図を、双葉もゆいも見た気がした。

　それでは、管理職も気の毒だ。ほかでは通用しない、他社のマネジメント教育を受けた人たちとも共創できない管理職になってしまう。今は良くても、将来、転職や雇用延長の際に苦しむであろう。マネジメント能力や経験のない管理職を、だれが積極的に採用したい、好条件で雇用延長したいと思うだろうか。

　「どこにも行けない」

　村上春樹ワールドさながらの諦念が漂う未来。双葉もゆいも、将来そんな管理職になってしまったらどうしようと恐ろしくなった。とはいえ、自己学習では限界もあるし、我流が助長されるだけである。

　「そもそも、マネジメント能力の育成にきちんと投資してください！」

　双葉とゆいは、それぞれの職場でそっとつぶやいた。

本章のポイント

能力開発と人材育成は、EX（従業員体験）の鍵を握る取り組みと言っても過言ではありません。個人にとっては、自身の成長感の有無がその組織に在籍する価値を左右することになるからです。

残念ながら従来の日本型人事管理においては、個人の成長感の把握について、組織側の関心は低かったかもしれません。というのも組織は能力開発と人材育成を集団の観点で考慮し、個人の強みやキャリア志向を重視するという志向に変わりきれていなかったからです。その結果として、『ゆるい職場 ─若者の不安の知られざる理由』（古屋星斗 著／中央公論新社 刊／2022年）にあるように、一見働きやすいと思える職場を、「ここにいても成長感がない」と若者が辞めてしまう現象が生じているのかもしれません。

また従来の日本型人事管理では、能力開発と人材育成は組織内でおこなうものと考えられてきました（たとえば、「企業内人材育成」などという表現は、その暗黙の前提を示しています）。しかし、これまでにも述べた越境学習という考え方にあるように、能力開発と人材育成は組織内外を視野に入れるべきでしょう。

ところが、ゆいや双葉が経験したように、組織側に「社外で学ぶ」という発想が存在しない場合があります。あるいは、ゆいや双葉が指摘されてしまったように、

「はっきりとした成果がなければ研修はしない」
「そもそも業務に穴をあけることは絶対に許さない」

という文化を持つ組織もあります。

そうではなく、能力開発と人材育成を最優先事項とする文化をどう創りあげるべきなのか。本章では、組織内外を前提とし、個人の

強みやキャリア志向を重視する能力開発と人材育成のあり方を考察していきます。

体験機会

7-1 能力開発計画

　従来、組織の従業員に対する能力開発計画は、集団的なものに偏っていたといえるでしょう。たとえば階層別研修のように、勤続年数、年齢、職位などの節目で一律的に提供される研修がその典型例です。また事業の方向性に基づき、そのために必要なスキルだけが羅列されている状態も、組織都合だけの能力開発計画でしょう。そのような育成計画だけでは、従業員個人に十分な体験機会を提供できるとは言い難いでしょう。

　従業員個人の良質な体験機会としての能力開発計画は、基本的に個人別能力開発計画（IDP：Individual Development Plan）であるべきです（個人別能力開発計画の事例は、コラムで後述）。まずは個人の強み、キャリア志向に基づき、個人に能力開発計画を作成してもらうのです。そのうえで、メンバー個人はマネージャーと面談をおこない、会社の求める能力開発の方向性とすり合わせます。

　重要なことは、すり合わせです。メンバーとマネージャーがすり合わせる過程で、個人の希望を組織として理解することができます。

　たとえばIT業界などでは、従来からITスキル標準（ITSS）が存在したため、こうしたすり合わせがやりやすかったかもしれません。ITSSとは、IT人材に求められるスキルやキャリアを可視化した指標です。ITSSでは、職種や専門分野ごとのスキルが示されています。そのため、個人は自分が目指したい職種や専門分野に基づき、個人としての能力開発計画を作成することがで

きます。一方、組織側（マネージャー）は、組織として事業計画から求められる育成すべき職種や専門分野を能力開発計画に織り込みます。ここで個人と組織で能力開発計画の方向性にギャップが生じることもありますが、だからこそすり合わせが重要なのです。

　なお能力開発計画を作成する場合、それを後述するOJT、OFF-JTなど、どのような手段で実現するかを考えることも必要です。従来の手段は、組織内だけを前提として、OJTとOFF-JTでほとんど網羅されてきました。しかし組織外を視野に入れ、越境学習を手段に含めていくことが重要でしょう。

COLUMN

個人別能力開発計画の例

　以下の図は、個人別能力開発計画の例になります[7-1]。

　こうした項目について、まずは個人が自分の強みやキャリア志向に基づき、1年間あるいは2年間の計画を作っていくのです。項目をご覧いただくと、OJT、OFF-JT、越境学習の項目がバランスよく含まれていることがわかります。

　たとえば、コーチングを受ける、タスクフォースやプロジェクトへの参加、などはOJTです。社内コースへの参加は、OFF-JT。大学コースへの参加、ボランティアへの参加、などは越境学習です。OJT、OFF-JT、越境学習をバランスよくおこなうことが、良質な体験機会になるのです。

　なお、この項目を見ると高度な項目が多いので、「個人別能力開発計画とは次世代リーダー向けのものなのか」と感じるかもしれません。たしかにこの例は次世代リーダー向けですが、新人、若手社員、

PART
07

能力開発／人材育成

129

図7-1 個人別能力開発計画の例

開発のための項目	1年目				2年目			
	Q1	Q2	Q3	Q4	Q1	Q2	Q3	Q4
大学コースへの参加								
社内コースへの参加								
360度評価								
コーチングを受ける								
タスクフォースやプロジェクトへの参加								
リーダーと一緒に行動する								
幹部にプレゼンテーションする								
拠点訪問								
違う文化の仕事をおこなう								
スタッフの仕事をする								
P/L責任を持たせる								
ボランティア活動をする								
多様な人脈をつくる								
重要会議への参加								
出版する、論文を書く								
追加の業務責任を持つ								

中堅社員、リーダークラスなど、あらゆる層に個人別能力開発計画は展開可能です。それぞれの対象層に合わせて、適切な OJT、OFF-JT、越境学習の項目をバランスよく組み合わせるといいでしょう。

※7-1　Ulrich & Smallwood (2012) , p60, Figure2を抜粋して筆者が翻訳
　　　　Ulrich, D., & Smallwood, N. (2012). What is talent?. *Leader to leader*, 2012(63), 55-61.

7-2　OJT

　OJT（On the Job Training）とは、職場などの実務における日常的な学びを意味します。厚生労働省は「計画的な OJT」という言葉も使いますが、この場合は教育担当者を定め、事前に教育訓練計画書を策定して体系的におこなうことになります。また短期的な職場の実践的な学びだけではなく、「長期的な人事異動の中で多様な業務を担当することまで含めて OJT だ」という考え方もあります。

　いずれにせよ、OJT は日本企業の強みだと言われてきました。職場の実践で学ぶことが、小集団活動や QC サークル（小集団改善活動）などどあいまって、特に生産現場でのカイゼンにつながってきたからです。しかし、OJT を良質な体験機会とするためには、実際には工夫が必要です。工夫せずに OJT をおこなってしまうと、それは単に先輩などの上位者が、後輩に業務を教え込む場になってしまうからです。あるいは、先輩が「とにかく背中を見て学べ」と従業員を職場の業務の中に放置してしまうことにもなりかねません。

　そこで求められることは、経験学習サイクル※7-2 を通じた OJT の実現です。経験学習サイクルとは、職場での実務を「具体的な経験」として把握し、その経験を「リフレクティブ（内省的）な観察」により深掘りし、それを「抽象的な概念化」でほかの実践でも応用できるように転換し、その転換した内

※7-2　Kolb ,A.Y. & Kolb, R.M.(2005) "Learning styles and learning spaces: Enhancing experiential learning in higher education," *Academy of Management Learning & Education*, Vol.4, No.2, pp.193-212.

容を別の場面の「現場での実験」で検証していくことを意味しています。

このサイクルを独力で回すことはなかなか難しいので、マネージャーとメンバーの共同作業でおこなうことが理想です。マネージャーはメンバーに「具体的な経験」の把握を促し、「リフレクティブ（内省的）な観察」と「抽象的な概念化」を対話しながら支援し、失敗を奨励することで「現場での実験」を促します。マネージャーとメンバーの共同作業が実現すれば、個人にとっては良質な体験機会になります。くわえて、マネージャーはメンバーの体験の状況をありありと理解できます。

なお従来の日本企業では、OJT は新人などの若手に偏って実施されてきた傾向があります。たとえば、「OJT リーダー」「シスター」「ブラザー」などの名称で、新人を対象に指導役（メンター）を割りあてる企業が多いようです。これは、日本企業では新卒一括採用が主流なので、新人への教育を重視してきたことに起因するでしょう。しかし、経験学習サイクルによる OJT は、中堅社員、マネージャー、次世代リーダーなどに幅広く効果があります。マネージャーとの対話、指導役（メンター）の割り当てによる経験学習サイクルとしての OJT の対象層は、広く設定すべきでしょう。

7-3 OFF-JT

OFF-JT（Off the Job Training）とは、集合研修など日常の職場以外の環境で実施される学びを意味します。

従来の日本企業では、OFF-JT はおもに指名制で実施されてきました。前述のように、勤続年数、年齢、職位などの節目で一律的に提供される階層別研修が、指名制 OFF-JT の典型例です。これは「同じ釜の飯を食う」という言葉に象徴されてきました。たとえば、入社 5 年目の節目で同期の合宿研修をおこない、同期の間の結束が高まれば、会社への愛着も高まるだけでなく、異なる部署間の情報交流が促進されるという効果があったのです。

この指名制 OFF-JT は、先輩が後輩に教え込む型の OJT と補完しあいなが

ら、新卒一括採用と長期雇用を特徴とする日本企業の強みになってきました。しかし、こうした集団に一律で適用されるOFF-JTだけでは、良質な個人の体験機会となるには限界があります。せっかく能力開発計画を個人の強みとキャリア志向に基づき作成したのに、その個人のニーズを活かすことができないからです。

OFF-JTを良質な体験機会とするには、指名制だけでなく、手上げ制の仕組みを導入することが望ましいでしょう。原則としてOFF-JTは週末に設定し、手上げ制の選択だけにしている企業も、実際に存在しています。昨今では、オンライン上で自由に研修コンテンツを選択できるサービスを導入している企業もあります。こうした観点でOFF-JTが整備されていれば、ゆいと双葉は自身が希望する研修を心置きなく受講できていたことでしょう。

また従来の日本企業のOFF-JTの長所として、業務に直結しないリベラルアーツのような多彩な内容（たとえば人文科学系の歴史、哲学、文学、美術、音楽など）が研修として提供されていました。こうした多彩な内容は、従業員個人の視点・視野・視座を広げ、良質な体験機会となりえます。ところがバブル崩壊以降のコスト削減の中で、OFF-JTとしてのリベラルアーツは縮小されてきました。OFF-JTにおけるリベラルアーツの重要性を、組織はいま一度認識していく必要があるでしょう。

7-4 フィードバック

能力開発と人材育成におけるフィードバックとは、基本的には個人別能力開発計画の進捗に関するマネージャーからのフィードバックが中心になります。メンバーとしては自分の計画の達成状況をどう認識しているのか、その認識をマネージャーとすり合わせることが重要で、それ自体が貴重な体験機会になります。

同時に、メンバーが個人別能力開発計画の進捗をリアルタイムで確認できることも重要です。これにはLMS（学習管理システム：ラーニングマネジメ

ントシステム）と呼ばれる HR テクノロジーが役に立ちます。自身のスキルの取得状況、集合研修、場合によっては越境学習などの外部の学習履歴を一括で管理できるので、個人別能力開発計画の進捗を把握することに役立ちます。まだ導入していない企業があれば導入の検討を、導入済みの企業ではより一層の活用を目指すといいでしょう。メンバーとマネージャーが個人別能力開発計画の進捗をすり合わせる場合に LMS を活用すると、とりわけ効果的です。

7-5 周囲の理解

　能力開発と人材育成においては、周囲の理解が不可欠です。せっかく能力開発と人材育成に注力しているのに、周囲の理解が得られない場合は、体験機会が大きく損なわれます。典型例として、数日間の OFF-JT（集合研修）に参加した際に、職場のマネージャーや同僚が、

　「この忙しいのに自分だけ研修に行って、楽をしやがって」

　という反応をしたら、どうなるでしょう。残念ながら、こうした反応は稀なケースとは言い切れません。ゆいと双葉のマネージャーは、まさにこの反応を示してしまったというわけです。

　さらに深刻な例は、越境学習に対する反応です。その企業のトップや人事部が越境学習を推進していたとしても、職場のマネージャーや同僚がそれを快く思っていない場合があります。筆者は社会人大学院の教員であり、ゼミ生の多くは社会人です。しかし一部のゼミ生は「この忙しいのに、残業もしないで大学院なんかに行って。よっぽど意識高い系なんだね」と陰口を言われることもあるらしく、それが苦痛で職場に大学院に通っていることを隠している場合もあります。我々はそのような苦労をしているゼミ生を「隠れキリシタン」と呼んでいるくらいです。

職場全体で能力開発と人材育成に努力する人を尊重すること。それが、より良き体験機会を生むために最も重要なことではないでしょうか。

そのためにも、マネージャー自身が能力開発と人材育成に関して良質な体験機会を有していて、だからこそメンバーの能力開発と人材育成を促進していく、という組織文化があることが理想的です。

7-6 タレントレビュー

タレントレビューとは、従業員を才能ある人（タレント）と考え、その能力開発と人材育成の状況を関係者一同で話し合い、分析する取り組みです。関係者とは、マネージャー、その上位の部門長、人事部門、場合によっては経営層までが含まれることがあります。能力開発と人材育成は、直属のマネージャーだけの責任でもなく、人事部門だけの責任でもなく、本人を含めた関係者一同で推進すべきだと組織が考えることが、体験機会にとっては重要なのです。

タレントレビューは、人事評価や昇進なども話し合いの対象になることが多いようです。そのような場合、人事評価や昇進などが中心の話題となり、能力開発と人材育成は付け足しの話題になってしまうことがあります。しかし、従業員を才能ある人（タレント）と考えるなら、能力開発と人材育成がタレントレビューの話し合いの中心になるべきです。そうなることで、その従業員個人の能力開発と人材育成に対する組織の関心が高まり、その個人の体験機会が良質なものへと発展する可能性も高まります。

タレントレビューの話し合いの中心は、やはり個人別能力開発計画の進捗が中心になります。定性的な資料とともに、前述した LMS（学習管理システム）のデータを組み合わせるといいでしょう。

問い

1 経験学習サイクルを実践するために、職場で取り組むべきことは何でしょうか?

2 職場全体で能力開発と人材育成に努力する人を尊重するために必要なことは何でしょうか?

3 タレントレビューでは、どのような観点で話し合いを進めていくべきでしょうか?

PROCESS »

PART

08

評価

EXとほほエピソード

「後からダメ出し」はつらいよ

　2月になった。ゆいがヒルガノフーズに転職してから、8か月が経とうとしている。

　そんな折、課長の土山からミーティングを設定された。件名は評価面談。当年度の人事評価を上長がメンバーに伝える、ビジネスパーソンにとって重要行事の1つだ。

「まあ、リラックスして進めましょう」

　そのメッセージとは裏腹に、土山の表情はなんだかぎこちない。「入社して8か月経ってどう？」のような様子伺いのトークから始まり、ゆいがリードして進めている新しいマーケティングイベントの企画を部門長も大変高く評価している、外にも目を向け斬新なアプローチを積極的に取り入れる姿勢も素晴らしい……ほか、ポジティブなフィードバックが続いた。と、そこで土山は真顔になった。

「では、今期の清水さんの評価をお伝えします」

　ゴクリ。ゆいは呼吸を落ち着ける。

「C評価です」

　シ、C評価!?　ゆいは一瞬、耳を疑った。ヒルガノフーズの人事評価は、A＋が最も高く、次いでA、B、C、Dの順に続く。これだ

けポジティブなコメントの後に、まさか下から2番目の評価を言い渡されるとは。ゆいは目を丸くした。

「まあ正直言うと、今期は他部署の人たちが相当頑張ってね。ウチへの評価は例年になく厳しめなんですよ。僕たちも驚いています。……AやBを目指すなら、相当頑張って突出しないと難しいですね」

（なるほど。他部署との評点のパイの奪い合いと賞与の予算取り（個人評価は各自の賞与に反映されるため）に、部門長が負けたってことね）

「それに……」

土山は表情を変えずに続ける。

「清水さんの考えるマーケティングの方法論は、個性が強いというか、我流だよね。メンバーの中にはついていけていない人もいて、チームで協力して成果を出せるようなやり方を意識してほしいなってのが僕の所感です」

だから、汎用的なやり方を習得すべくマーケティングの社外研修をチームメンバー全員で受けたいとあれほど主張したのだが、その要求をスルーしたことを土山は覚えているのだろうか。

なにより、そのようなフィードバックや改善要望は、もっと早く、期中に言ってほしい。ヒルガノフーズでは、毎週1回最低30分、マネージャーと担当者が1on1ミーティングをすることになっている。ゆいもこれまで散々、土山と1on1をした。大して話すことがないことのほうが多かったが、ゆいの仕事の仕方に対する指摘や意

見があるなら、1on1 で言ってくれればよかったではないか。なぜ、年度末の業績評価面談の場になって、いきなりダメ出しをするのか。

　正直「後出しジャンケン」にしか思えず、ゆいは組織に対して不信感を覚えた。

（なんか、頑張るのがバカバカしくなっちゃうな）

　ゆいは能面のような表情で、応接室を出た。

　双葉もまた、別の応接室で評価面談を受けていた。そして、ゆいと同じように C 評価を下され、納得いかない表情を浮かべていた。双葉の心情を察した部門長の多賀は、慌ててフォローの言葉を投げかける。

「鮎沢さんの取り組みも、成果も、業務に対する姿勢も、どれも素晴らしく、本来 A 評価なんだけれども、鮎沢さんはたしか 11 月入社でしたよね。どうやら当社のルールで、入社 6 か月に満たない人の評価は判定不能扱いで、一律 C 評価と決まっているようでね……」

　多賀は本当にすまなそうな顔で、双葉への評価の背景を説明する。
　そんなルールは聞いていない。入社時に人事担当者から一切説明がなかった。おそらく、ほかの同期入社の仲間も、同じように度肝を抜かれていることだろう。
　そもそも、多賀のその説明が正しいかどうか、念のために同期と連絡をして彼ら／彼女たちの評価がどうだったか確認しあいたいところだが、名前も連絡先もわからない。こういう時のためにも、中途採用であっても同期入社の仲間とはネットワーキングしておくべきだと双葉は悔いた。

「その代わり、来期の鮎沢さんの評価にプラスで上乗せしますから……」

多賀は、双葉に誠心誠意を尽くそうとしている。多賀の気持ちはうれしいが、そういう個人間、いや組織と個人間の貸し借りが健全とは思えない。なんともモヤモヤの残る評価面談だった。

💡 本章のポイント

評価はもともと、従業員の納得感を得るために、組織側も気をつかってきた施策です。しかし組織側が従業員の納得感を得ること、および制度の運用基準を守ることを意識しすぎると、それがかえって良質なEX（従業員体験）の機会になることを阻害してしまう可能性があります。

EXという観点で考えるとき、

「そもそも評価とは何のためにおこなうのか？」

という原点を振り返ってみる必要があります。それは、とりあえず個人を納得させる、制度の運用基準を守る、という性質だけのものではないはずです。本来の評価の目的は、「07 能力開発／人材育成」と連動したものであり、個人の成長を促すことにあるでしょう。

そのような前提に立つ評価であれば、ゆいのように「後からダメ出し」されることも、双葉のように制度の運用基準ありきで評価が決まってしまうという事態も発生しないはずです。ところが現実の職場では、ゆいや双葉が直面した状況は、けっして珍しいものではありません。

PART

08

評価

どうすれば、本来的な評価の目的に沿った EX を職場で実現でき
るのでしょうか。本章では、「評価とは何のためにおこなうのか」と
いう原点と、それを日常の職場で具体的にどう実践するのかという
点について考察していきます。

体験機会

8-1　MBO

　MBO（Management by Objectives and Self-control：自己目標管理）
とは、ピーター・F・ドラッカー が『現代の経営』という書籍において提唱
した概念です。ドラッカーは、Self-Control（自己管理）によって、目標に
よる管理を実現すると述べています。つまりドラッカーが MBO を提唱した
眼目は、じつは自己管理にあるのです。

　ドラッカーは、Self-Control（自己管理）による MBO の利点を次のよう
に述べています。

　「自己目標管理（MBO）の最大の利点は、自らの仕事を自らマネジメントで
きるようになることにある。自己管理が強い動機づけをもたらす。適当にこ
なすのではなく、最善を尽くす願望を起こさせる。目標を上げさせ、視野を
広げさせる」[8-1]。

　ところが、組織において業務遂行する際には、言われたとおり上位目標を
達成することだけを個人が目指してしまうという状況に陥りがちです。それ

※8-1　Drucker, P. F. (1974). *Management: Tasks, Responsibilities, Practices.* Harper & Row.

では、やらされ感だけで仕事を進めてしまうことになります。そうではなく、自分自身が目標を設定し管理していくことで、組織と個人が共に成長・進化していくあり方をドラッカーは示したわけです。

しかし Self-Control（自己管理）という観点が欠落した MBO においては、従業員に評価を納得させることだけに焦点が絞られ、目的が矮小化されてしまいます。ゆいや双葉に、なぜ A 評価や B 評価でなく C 評価なのかを納得させる道具として、MBO が使われることになってしまうわけです。

こうした MBO の課題を克服すべく、その発展形として MBB、OKR、ノーレーティングなどの手法が提案されています（MBB、OKR、ノーレーティングの詳細については、コラムを参照）。これらはいずれも優れた特徴を持つ手法ですが、ひと言でいえば Self-Control（自己管理）を実現するための工夫を凝らしている点で共通しているのです。

では、どうすれば Self-Control（自己管理）が実現するのか。そのためには、自己管理が可能となる条件を整えなければなりません。以降の項目で考えていきましょう。

PART
08
評価

COLUMN

MBB、OKR、ノーレーティングとは

Self-Control（自己管理）による MBO の発展形として、MBB、OKR、ノーレーティングなどがあります。

● MBB

MBB（Management by Belief）とは、「思いのマネジメント」を意味します。自分の思いを重視した目標管理であり、目標設定時

143

には自分の思い（Belief）を吐露してもらうことを重視しています。そうすることで、メンバーは組織のビジョンを踏まえつつ、自分にとって意味のある目標を見出すことができるのです[8-2]。

● OKR

OKR（Objectives and Key Results）とは、目標＝Objectivesと、おもな成果＝Key Results を2本柱としたものです。O（目標）は、定性的で人を鼓舞する内容であり、時間的な縛りがあり、各チームが独立して達成できる内容を設定します。

KR（おもな成果）は、1つのOに対して、基本的には3つ設定します。KRは測定できる内容ならなんでもいいのですが、「達成する自信が50％程度の、難しいが不可能ではない内容」が良いとされています。こうしたOKRを設定することで、人が鼓舞され、自分とチームにとって望ましいと思える状況を作り上げることができるのです。

OKRは、グーグルなどが採用したことで有名になりました[8-3]。いわば、Self-Control（自己管理）によるMBOを、特にチームとして使いやすいように発展させた手法です。

● ノーレーティング

ノーレーティングとは、相対評価に基づかず、1on1 などで頻繁にマネージャーとメンバーが面談することで評価を決めていく仕組みです。形骸化した評価制度や期初・期末面談に振り回されることなく、マネージャーとメンバーの意義のある対話を実現することを目的としています[8-4]。

この3つの考え方は、まさにSelf-Control（自己管理）によるMBOを本質的に実現することを目指したものであり、それぞれ優

れた特徴を有しています。しかし組織側が根底として、従業員のための良質な体験機会を目指すことを最優先にしていなければ、これらの手法を使ったとしても絵に描いた餅になってしまうでしょう。

「本質的に従業員が自己管理でき、良質な体験を獲得することに向けて努力することが重要だ」という共通理解が、組織側に存在していることが求められます。

※8-2 『シャドーワーク：知識創造を促す組織戦略』（一條和生・徳岡晃一郎 著／東洋経済新報社 刊／ 2007 年）
※8-3 Christina Wodtke, C. (2016). *Radical Focus: Achieving Your Most Important Goals with Objectives and Key Results.* Cucina Media.
　　　邦訳版『OKR（オーケーアール）シリコンバレー式で大胆な目標を達成する方法』（及川卓也 解説／二木夢子 訳／日経BP 刊／ 2018 年）
※8-4 『新しい人事労務管理 第 7 版』（佐藤博樹、藤村博之、八代充史 著／有斐閣 刊／ 2023 年）

8-2 評価面談

Self-Control（自己管理）という観点が欠落した MBO においては、評価面談とは組織が決定した評価を個人に適用するための手続きでしかありません。その場合、評価期間の期初に目標を設定する面談をおこない、期末に設定した目標の達成度をマネージャーとメンバー個人が面談で確認する、という運用がおこなわれることが多いのではないでしょうか。

環境変化が激しい現代においては、期初に設定した目標は、期中において現実味のないものへと陳腐化してしまうかもしれません。ところがマネージャーとメンバーが、設定した目標を「評価のための手続きのためだけのものだ」と考えてしまうなら、2 人とも目標設定シートを机の中にしまい込み、期末までその目標を思い出すこともないかもしれません。一方で、予算上の上位目標として設定されているわかりやすい数値目標だけは、評価基準として絶対化してしまうでしょう。こうした評価面談を漫然と続けると、メンバーが期末に評価に納得することは難しくなるでしょう。

評価面談が期初と期末（せいぜい中間面談が追加でおこなわれることもあ

る）に偏ってしまい、評価の納得性が低下することを懸念し、チェックインや 1on1 と呼ばれる手法が多くの企業で導入されるようになりました。これらの手法は、面談を期初、中間、期末に限定せず、頻繁にマネージャーとメンバーが話しあうことを目的としています。

しかし、ただチェックインや 1on1 という手法を導入すれば事足りるわけではありません。ゆいの事例のように、頻繁にマネージャーが 1on1 をおこなっていたとしても、評価を「後からダメ出し」のように感じてしまうことがありえるからです。

では、求められることはなんでしょうか。それは、評価面談、あるいはチェックインや 1on1 の目的を、「Self-Control（自己管理）による MBO の実現」に置くことです。なぜ、メンバー自身が目標を設定し、その進捗・達成状況を日々管理していくのか。それは組織全体の目的の中で、メンバーが自身の目標の位置づけを理解し、組織と自己が共に成長するためにその目標をどう活用するかについて、考えていくことができるからなのです。しかし、それを独力でおこなうことには限界があります。そこで評価面談を通じて、マネージャーとメンバーの共同作業として、Self-Control（自己管理）による MBO を実現していくのです。

この目的をマネージャーとメンバーの共通理解として明確にすることこそ、評価面談としては何より重要だと考えます。その共通理解が明確化した評価面談は、メンバーにとって貴重な体験機会になることでしょう。また、その共通理解に基づく評価面談には、「07 能力開発／人材育成」で説明した経験学習サイクルの活用が適しています。

8-3 フィードバック

ここまで述べてきたとおり、評価におけるフィードバックとは、組織が決定した評価を個人に適用するための手段ではありません。あくまで、Self-Control（自己管理）による MBO を実現することを目的としています。と

ころが、フィードバックという言葉には、「メンバーの弱みをマネージャーが指摘して、それを改善するためのコミュニケーションである」という暗黙の前提が含まれている語感があったかもしれません。目標の進捗状況について、メンバーの弱みの改善を促すことも重要ですが、むしろメンバーの強みをどう伸ばしていくかという観点に注力していくべきでしょう。

フィードバックという語感によって、マネージャーがメンバーの弱みに注目してしまうという問題は、日本企業だけのものではありません。米国企業のGeneral Electric Company（GE）でも、同様の課題認識があったそうです。そこでGEでは、評価面談におけるフィードバックを「インサイト（洞察）」という言葉に置き換える取り組みをおこないました。インサイト（洞察）という表現によって、マネージャーはメンバーの強みを洞察し、それを通じてメンバーの行動のあり方を提案し、最終的にとるべき行動の意思決定はメンバーに委ねることにしたのです[※8-5]。これこそ、Self-Control（自己管理）によるMBOを実現する、マネージャーとメンバーの共同作業を目指した取り組みといえるでしょう。同様の観点で、ロート製薬は、フィードバックを未来を展望するという意味を込めて「フィードフォワード」と言い換えています[※8-6]。

8-4 メンタリング

ここでいうメンタリングとは、Self-Control（自己管理）によるMBOに関して、他者から助言を受けることと定義しておきます。設定した目標が、組織（ひいてはお客様など）や自身のために価値を発揮しているかどうかということについて、メンバーが独力で把握することには限界があります。ここまで述べてきたとおり、マネージャーからのインサイト（洞察）の役割も

[※8-5] 「アメリカの労使コミュニケーション：2社の企業事例に見るリーダーを核としたエンゲージメントの実現」『日本労働研究雑誌』57(8), 53-62（石山恒貴 著／ 2015年）
[※8-6] 『人事変革ストーリー』p.157（髙倉千春 著／光文社 刊／ 2013年）

重要ですが、それだけでも限界があります。マネージャーのみならず、チームメンバー、プロジェクトメンバー、社外の関係者などから、日常的に助言を受けていくことが望ましいのです。

これは、一般的には「360度フィードバック」と呼ばれるものと似ています。ただし、いわゆる公式的な360度フィードバックの場合、それがおこなわれる機会が1年に1回しかない、あるいは人事評価に使用されてしまうなどの課題があります。そうではなく、もっと日常的に、非公式に、360度の関係者から助言を受けることが理想的です。

近年では、社内システムをSNSのように使いこなせるように変更し、日常的に360度の関係者から助言を受ける仕組みを作っている企業もあります。こうした取り組みは、良質な体験機会といえるでしょう。

8-5 周囲の理解

前に述べたように、Self-Control（自己管理）によるMBOにおいては、組織全体の目的の中で、メンバーが自身の目標の位置づけを理解し、組織と自己が共に成長するためにその目標をどう活用するかについて考えることが重要です。そのためには、組織における他者の目標を把握できることが望ましいわけです。

カゴメでは、イントラネット上で全社員の目標を相互に閲覧することができます。他者の目標を把握したうえで、自身で目標を設定することができるわけです。役員が目標を設定し、それがカスケード（滝の水が流れるように、組織の上位から目標設定が連鎖する）していくわけです。これによって、組織のビジョンが共有されたうえで、メンバーは自分の考えに基づいて目標を設定することができます。まさに自己管理です[8-7]。

この目標の公開は「MBOの民主化」と名づけてもいいのではないかと考えます。MBOにおいては、情報公開が決定的に重要なのです。Self-Control（自己管理）によるMBOをおこなう際の情報の重要性について、ドラッカー

は次のように述べています。

「あらゆる者が自らの仕事ぶりを測定するための情報を手にすることが不可欠である。しかも必要な措置がとれるよう、それらの情報は早く提供しなければならない。それらの情報は、彼ら自身に伝えるべきであって上司に伝えるべきではない。情報は、自己管理のためのツールであって、上から管理するためのツールではない」[※8-8]

　ところがEXを重視しない組織ほど、本来であれば公開しても差し支えない情報を秘匿する傾向があるのではないでしょうか。たとえば役員や部門長の目標を公開してしまうと、それが未達の場合、メンバーからの目が厳しくなるので秘匿してしまう、などの傾向です。そこには、

「情報はとにかく組織側の手の内に留めておきたい」
「むしろ自分たちだけが情報を独占していることでメンバーたちの行動を管理してしまいたい」

　という考えがあるかもしれません。こうした傾向が良質なEXを阻害してしまうことは、言うまでもありません。良質なEXのためには、組織の情報をできるだけオープンにしていく覚悟が組織側に求められるといえるでしょう。

※8-7 『カゴメの人事改革─戦略人事とサステナブル人事による人的資本経営─』
　　　（有沢正人、石山恒貴 著／中央経済社 刊／ 2022年）
※8-8 Drucker, P. F. (1974). *Management: Tasks, Responsibilities, Practices*. Harper & Row.
　　　邦訳版『マネジメント　課題、責任、実践　中』p.84（上田惇生 訳／ダイヤモンド 刊／ 2008年）

PART
08
評価

また、評価における周囲の理解においては、「07 能力開発／人材育成」で述べたタレントレビューも重要です。そこで述べたように、能力開発と人材育成がタレントレビューの話し合いの中心になるべきです。その原則を踏まえたうえで、Self-Control（自己管理）による MBO を通じてメンバーが自己決定した行動についての評価を、異なる評価者間で目線合わせしていく必要があります。メンバーの行動（「コンピテンシー」「バリュー」などと呼ばれる場合も多い）に対する評価者の評価の質は、タレントレビューで異なる評価者間で対話をすればするほど向上していくものです。行動評価の質が高まれば、その行動評価についてのメンバーに対する評価者の説明の質も向上し、良質な体験機会へとつながっていくことになります。

📋 問い

1. MBO を自己管理していくために必要なことは何でしょうか？

2. フィードバックをメンバーの強みに関する議論に変えていくためには、どうしたらいいでしょうか？

3. 評価に関する情報公開を職場で阻害する要因は、何でしょうか？

PROCESS »

PART

09

異動／転勤

EXとほほエピソード
突然言われても……

　春になり、ヒルガノフーズもまた1つ歳を取った。新たな年度のスタートだ。若葉薫る5月、年度はじめの組織変更と人事異動のどたばたもひと段落し、双葉の職場も落ち着きを取り戻している……と、そのはずだったが、想定外のドタバタが双葉のチームを襲った。

　チームメンバーの突然の異動。10年目の藤野（ふじの）が、経理部に異動することになった。経理システム刷新プロジェクトが発足したものの、経理の有識者の人手がとにかく足りていない。そこで、過去に経理部にいた経験がある藤野に白羽の矢が立ったらしい。と同時に、中途入社で新城（しんしろ）という社会人4年目の女性がチームに新たに加わることに。藤野の異動も、新城の入社も、ともに6月1日。あと5営業日しかない。

「藤野さんの業務は、鮎沢さんが引き継ぎを受けてください。併行して、新城さんの受け入れ準備もお願いします！」

　チームリーダーの大津は、手慣れた様子でシレっと言い放つ。いやいや、たった5日しかないのにどうせいと。すでに計画済みの自分の仕事もあると言うのに……

「いままで、言えなくてごめんね……」

　突如設定された業務引き継ぎのミーティングの場で、藤野は申し訳なさそうに頭を下げる。いやいや、藤野のせいではない。

それにしても、この会社はなぜこんなにギリギリのタイミングまで人事異動の情報を公表しないのだろう。本人に聞いたところ、藤野の異動の内示は4月頭には出ていたらしい。新城の入社も、同時期に決まっていただろう。いったい人事は何を考えているのか。双葉はイライラを募らせる。

　発令・公表と異動のリードタイムが短い問題。役所や金融機関など、しかるべき背景や事情のある組織ならばまだ理解できる（とはいえ、転居を伴う異動などは本人や家族や兼業先などに与える負担も大きく、最近は是正を求める声も大きいが）。しかし、ヒルガノフーズはいずれの業種でもない。年度末など、組織変更や人の異動をある程度予測できる時期ならさておき、そうでない時期にギリギリまで異動の情報や背景を現場に共有しないのはいかがなものだろう。これでは、おちおち有給休暇も計画できない……。

💡 本章のポイント

　異動・転勤は、従業員の仕事・職業の領域であるワークキャリアのみならず、私生活の領域であるライフキャリアに大きな影響を与えます。従業員の人生を左右する出来事であるわけです。納得感を得るために、組織側も気をつかってきた施策です。そうした意味では、EX（従業員体験）という観点で、最も従業員の記憶に残ってしまう項目でもあるでしょう。

　ところが、組織側が異動・転勤について従業員の意思を無造作に取り扱い、そのことが負のEXにつながってしまう事態が散見されます。双葉の場合、チームメンバーの突然の異動について、それがチームに伝えられるタイミングはぎりぎりになってしまいました。なぜ、そんなことが起こってしまうのでしょうか。

こうしたことが起こる背景には、組織側が「異動・転勤とは組織の専権事項であり、従業員の意向を配慮しすぎると事業運営がうまくいかなくなってしまう」と思いこんでいるという事情があるかもしれません。

「従業員の意向を配慮しすぎると、組織の必要性に基づく人員の配置ができなくなってしまう」
「1人だけの事情を配慮すると公平性に欠ける」

　などと考えてしまうわけです。その結果、双葉の職場のような業務遂行がうまく回らないという事態を改善するよりも、とにかく制度を守ることを組織側が優先するようになってしまうのです。
　しかし、そもそも異動・転勤について従業員の意向を配慮しすぎると、事業運営に支障をきたすのでしょうか。
　従業員の意向を配慮しないのであれば、明らかに EX に良くない影響があるとわかっていることなのに、その犠牲を払ってでも制度を守るべきなのでしょうか。
　本章では EX の観点から、現実的に異動・転勤に関してどう考えていけばいいのか考察していきます。

体験機会

9-1 会社主導の異動

　従来の日本企業にとって、異動・転勤といえば、会社主導の異動が中心でした。なぜなら、社会のあり方として日本企業には雇用の保障が要請されており、それを可能にするために広範な人事権が認められていたからです。広

範な人事権とは、著しく従業員に支障がある場合を除き、企業側が異動・転勤を従業員に命ずることができる権限です。日本社会では、雇用の保障の代替として、広範な人事権を企業に認める裁判所の判例が積み重ねられてきました。こうした日本社会の常識を背景にして、組織側は従業員の意向を配慮することなく、会社主導で異動・転勤を命ずることに慣れきってしまったのではないでしょうか。

　それを一斉におこなう仕組みが定期異動です。定期異動の内示日には、組織全体で悲喜こもごものドラマが発生します。「マイホームを新築したときに限って転勤命令がおこなわれるものだ」という都市伝説がまことにしやかに囁かれることもあります。

　もちろん、会社主導の異動には多くの利点があります。また、その仕組みを全面的に切り替えることは、多くの企業にとって困難なことでしょう。しかし会社主導の異動を基調としながらも、従業員の意向を反映していく方法は現実的に存在しています。そしてそれは、「形骸化した自己申告制度で異動希望を従業員に記入してもらうが、その異動希望が反映されることはほとんどない」という類の事例ではありません。

　たとえばカゴメでは、会社主導の異動は基本的にメンバーのキャリアの希望に基づいて企画されます。もちろん会社の事業運営上の意向とメンバーの希望が異なる場合もありますが、その場合はマネージャーとメンバーで時間をかけた話し合いとすり合わせがおこなわれます[9-1]。

　ギャップジャパンでは、全国の店舗の総合的な転勤計画（玉突き図）を会社主導で作成します。しかし同時に、本人が望まなければ転勤は実施しません。そのため、1人でも転勤を希望しないことが判明すると、玉突き図を作り直しています。ギャップジャパンでは、それほどまでに本人の意思を尊重するわけです。ただし、もちろん玉突き図を作り直す作業は大変です。そのため、そうならないように、日常からマネージャーとメンバーの面談の中でメンバーの家庭の状況やキャリア希望を把握するように努めているそうです[9-2]。

転勤に関しては、より踏み込んだ対応もあります。カゴメには、地域カードという仕組みがあります。地域カードにはオプションＡとＢがあり、それぞれ１度利用すると３年間有効で２回使うことができます。オプションＡを使うと、今いる勤務地にとどまり続けることができ、Ｂを使うと希望する勤務地に転勤することができます[9-3]。

　三菱ケミカルにおいても、ライフプランに配慮した転勤をおこなっています。一般社員と管理職で運用は異なりますが、勤務地継続では都道府県をまたいだ希望しない異動を、１回３年で計２回まで回避することができます。勤務地登録では、特定の勤務地での勤務希望を登録しておくことができます（ただし、その勤務地で必ず勤務できるわけではありません）[9-4]。

　このように会社主導の異動に基づきながら、従業員のライフプランなどの意向に配慮することは現実的な取り組みであり、そうした方向性を目指す企業は増えつつあります。

　また、コロナ禍を経て、テレワーク・在宅勤務が一般化した企業では、全国どこで勤務してもかまわないとし、転勤という概念をなくしてしまう場合もあります。時代の変化や自社の状況に応じて、「会社主導の異動は組織の専権事項で従業員の意向に配慮する必要はない」という考え方だけが常識だという思い込みに囚われず、ＥＸの観点も踏まえた現実的な選択肢を検討していくべきでしょう。

9-2　社内公募

　日本企業では会社主導の異動が中心であることが一般的ですが、日本以外の国ではジョブ・ポスティングという異動の仕組みのほうが中心である場合

※9-1 『カゴメの人事改革—戦略人事とサステナブル人事による人的資本経営—』
　　　（有沢正人、石山恒貴 著／中央経済社 刊／ 2022 年）
※9-2 『ケーススタディ 優良・成長企業の人事戦略』p.121-157「ギャップジャパン株式会社」
　　　（石山恒貴 著／上林憲雄、三輪卓己 編著／税務経理協会 刊／ 2005 年）
※9-3 『カゴメの人事改革—戦略人事とサステナブル人事による人的資本経営—』
　　　（有沢正人、石山恒貴 著／中央経済社 刊／ 2022 年）
※9-4 『ジョブ型・マーケット型人事と賃金決定：人的資本経営・賃上げ・リスキリングを実現するマネジメント』
　　　（須田敏子 著／中央経済社 刊／ 2024 年）

が多いでしょう。ジョブ・ポスティングとは、組織で空きポジションが発生した場合に、そのポジションの募集要件が社内で公表され、希望する従業員がそのポジションに応募し、応募者たちが選抜される仕組みです。この場合、異動を選択する主体は従業員になります。ジョブ・ポスティングが日常的な異動の仕組みである場合には、それが当たり前の仕組みなので、ことさらに「社内公募」という呼び方はしません。

　社内公募の仕組み自体は、ジョブ・ポスティングとほぼ同一です。多くの日本企業においては会社主導の異動が中心ですが、その場合であっても、会社主導の異動を主としつつも、社内公募を部分的に取り入れ、補完する企業が増えてきています。部分的な補完の仕組みであるため、日本企業では通常の異動と区分して、社内公募と呼ばれることが多いのです。補完的な仕組みですが、個人の意思を尊重するという意味で、EXの促進に沿った取り組みといえます。

　社内公募に関して、より踏み込んだ対応もあります。三菱ケミカルでは、従来は会社主導で異動がおこなわれてきましたが、2020年10月からは社内公募が導入されました。今後は、異動は原則として社内公募でおこなっていくそうです。この改定は、個人の主体性と意欲を高め、個人と会社がともに成長していくことを目的としているそうです[※9-5]。

　個人が異動の選択に主体性を有する社内公募は、良質な体験機会を生み出す可能性を高めます。しかし日本企業では古くから、社内公募を制度としては導入したものの、その運用が形骸化し、なかなか組織に根づかない場合があります。そのパターンはいくつかあります。

- 組織が本音としては会社主導の異動にこだわっていて、社内公募を形だけ導入している場合

※9-5　『ジョブ型・マーケット型人事と賃金決定：人的資本経営・賃上げ・リスキリングを実現するマネジメント』
（須田敏子 著／中央経済社 刊／2024年）

- 組織としては本気で社内公募を導入したものの、職場がそれに抵抗感を示す場合

　メンバーが社内公募に応募し選抜された場合、マネージャーに拒否権はないことが一般的です。マネージャーはそれが気に入らないので、社内公募で異動するメンバーを裏切り者扱いするのです（ここで生じる問題は、転職して会社を辞める際の「12 オフボーディング」と似ています。この問題については「12 オフボーディング」でも検討します）。

　せっかくの社内公募が形骸化しては、良質な体験機会につながりません。社内公募を実質的に機能させる取り組みこそが重要なのです。

9-3　内示

　内示がなぜ必要になるのかといえば、それが会社主導の異動であったからです。ジョブ・ポスティングや社内公募であれば、合否通知はありますが、そもそも本人が選択して応募しているので、内示は必要ありません。

　内示においては、望ましくない体験機会が生じることがしばしばあります。それは内示によって、自分が望まない異動・転勤、考えてもいなかった異動・転勤を突然告げられるからです。ただ、そうした事態が起こるのは、内示そのものの問題であったというよりも、会社主導の異動という性質こそに真の原因があった、という面もあります。したがって、会社主導の異動の課題についても検討すべきでしょう。

　もちろん、内示自体が引き起こす問題もあります。内示は、基本的に組織の一方的な命令であり、それがなされた時点ではもはや覆すことができないことが一般的です。そのため組織としては、従業員に例外なく内示を受け入れてもらおうと考えます。そこで過度に公平性を重視し、内示のタイミングや方法などの制度を守ることに腐心することになります。結果として、制度を守りたいのか、従業員に寄り添いたいのか、どちらが大事なのかわからな

くなってしまいます。内示はあくまで制度でしかありません。EX という観点から、柔軟に対応できることは積極的に対応し、制度自体の見直しも大胆におこなっていくべきでしょう。

　また、内示の際のコミュニケーションで、内示者が異動・転勤の対象者に「あなたのためだから」という言葉をかけることがあります。そして内示者は、その対象者のキャリアにおいてその異動にどういう価値があるのか、表面的で通り一遍な解説をします。しかし、その内示者の暗黙の前提には「会社員だったら、自分の希望にそぐわない異動命令であっても、受け入れるのが当然だ」という思いがあり、「異動命令に逆らわないことが、あなたの会社人生のためだ」ということが真意である場合が、けっして少なくないでしょう。こうした内示者の暗黙の前提はしばしば見抜かれることになり、異動対象者の感情を逆なですることになります。

　望ましい内示とは、異動対象者の個別のキャリア希望、強みなどをしっかり把握し、それを考え抜いて助言するものでしょう。そうした考え抜かれた助言において、安易に「あなたのためだから」という発言をすることはできないはずです。

9-4　職場周知

　職場周知には、内示と同様の問題があります。組織が過度に異動・転勤の周知に関して公平性を重視するために、職場周知のタイミングや方法などの制度を守ることだけを大事にしてしまうのです。こうして、双葉の職場のような事例が生じてしまいます。

　内示と同様に EX を重視する観点から、柔軟に対応できることは積極的に対応し、制度自体の見直しも大胆におこなっていくべきでしょう。

9-5　引き継ぎ

　引き継ぎも、内示・職場周知と同様に、そのタイミングや方法などに関して公平性を過度に重視するのでなく、柔軟に対応していくべきでしょう。ただし、引き継ぎには、ほかにも考慮すべき点がいくつか存在します。

　引き継ぎでしばしば問題になることは、異動対象者がそれまでの仕事を属人的に進めてしまい、それらの仕事が可視化されていないという事態です。そのような事態を避けるためには、日常から情報システムなどを駆使して、職場の業務全体の可視性を高めておく工夫が必要です。

　また異動対象者が新職場に着任した際の、マネージャーのオリエンテーションも重要です。企業規模が大きくなると、会社主導の異動にせよ、社内公募にせよ、異動前の職場と着任した職場の文化が大きく異なる場合があります。文化が異なるため、異動対象者は新職場の細かい引き継ぎ内容よりも、新職場の文化における役割と期待を自分が理解できないことに戸惑います。マネージャーは、異動対象者が文化の違いに戸惑っていることを理解し、それを踏まえた丁寧な役割と期待のオリエンテーションを実施することに留意すべきでしょう。

9-6　メンタリング

　異動・転勤におけるメンタリングとは、異動対象者が自身のキャリアに関して助言を受けることを意味します。助言をする人々は多様です。

- 人事部門担当者
- 異動前後の部署のマネージャー
- キャリアコンサルタント
- 所属組織内外の知人、友人
　など

異動・転勤におけるメンタリングは、それが会社主導の異動であっても、社内公募であっても、同様に重要です。異動・転勤が自分の意思によるものであっても、そうでなくても、それは1つの転機になります。そしてその転機は、自分にとって予測できないことや偶然に満ち溢れています。予測できないことや偶然は、それを乗り越えることに葛藤が伴いますが、同時に自身のキャリアにとっては有益なことが多いのです。しかし、それが有益になるかどうかは、自身による意味づけに大きく左右されます。

　異動・転勤を、自分のキャリアにどう意味づけるか。意味づけを進めていくためには、多様な人々によるメンタリングと対話が重要なのです。組織としても、異動対象者が多様な人々とのメンタリングと対話を通して自分のキャリアを意味づけることの重要性を認識し、それが実現する環境づくりに注力していくべきでしょう。

9-7　周囲の理解

　異動・転勤における周囲の理解で目指すべきこととは、それが組織の専権事項ではなく、従業員の意思も重要であり、良質なEXになりうる機会だという共通認識を組織全体で持つことにあるでしょう。それが実現できれば、異動・転勤は従業員のキャリアにとって意義ある転機となっていくでしょう。

PART
09

異動／転勤

161

問い

1 社内公募を実質的に機能させるためにはどうしたらいいでしょうか?

2 内示の際のマネージャー側のコミュニケーションでは、何に気をつければいいでしょうか?

3 自分のキャリアを意味づけるために、必要なことは何でしょうか?

COLUMN

HR ビジネスパートナーとは

HR ビジネスパートナーとは、経営への貢献と現場の従業員の成長支援を同時におこなう人事部門の役割を意味しています。現場に密着した役割なので「事業部人事と同義の役割ではないか」と思われることがあります。しかしその事業部人事の役割が、単に担当の事業部で人事制度の運用を司るだけであるならば、それは HR ビジネスパートナーではありません。あくまで実質的に経営への貢献と現場の従業員の成長支援を両立させていることが、HR ビジネスパートナーとして認められる条件です。

カゴメでは人事改革の切り札的存在として、HR ビジネスパートナー（社内では「人材育成担当」と呼ばれています）の機能を導入しました。HR ビジネスパートナーの選定基準は次のとおりです。

「現場経験が豊富であること、人事課題の解決に資する問題解決能

力を備えていること、本部と経営をつなぐ人脈を持ち合わせていること、個人の成長を心から支援できる人間性を備えていること」[※9-6]

　この選定条件は、まさに経営への貢献と現場の従業員の成長支援を同時におこなうためのものなのです。

　HRビジネスパートナーは、異動・転勤に大きな役割を果たします。たとえばカゴメでは、従業員と面談をおこない、メンター（助言者）の役割を担い、従業員が自身のキャリアを考える支援をします。その結果として、従業員は自律的にキャリアを考え、それを自身の異動に反映させていきます。

　さらにカゴメでは、HRビジネスパートナーが従業員のご家族に関する介護の状況を把握します。その把握に基づき、ご両親に介護が必要な場合、その従業員がご両親の住む地域に転勤できる余地を作っておくなどの役割を果たすのです[※9-7]。

　異動・転勤に限らず、HRビジネスパートナーは、良質なEXを実現する切り札のような存在といえます。

※9-6 『カゴメの人事改革―戦略人事とサステナブル人事による人的資本経営―』
　　　（有沢正人、石山恒貴 著／中央経済社 刊／2022年）p.157
※9-7 『カゴメの人事改革―戦略人事とサステナブル人事による人的資本経営―』
　　　（有沢正人、石山恒貴 著／中央経済社 刊／2022年）

PART
09

異動／転勤

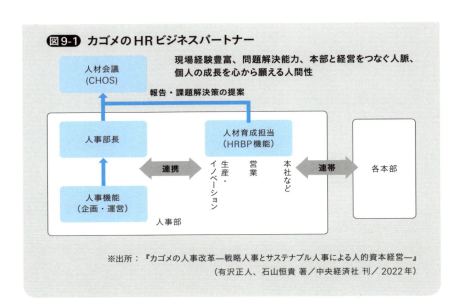

PART

10

昇格／降格／役割変更

💡 本章のポイント

　昇格／降格／役割変更は、従業員にとってみれば職業人生を左右する重大事項になります。EX（従業員体験）という観点でも、このイベントをいかに体験したかが、その後の職業人生に大きな影響を及ぼします。しかし、昇格／降格／役割変更のEXという観点について、組織が十分に留意してきたとは言えない側面があるでしょう。

　その背景には、従来の日本企業が長期雇用を前提として、じっくり時間をかけて昇格／降格／役割変更を判断してきたことがあります。昇格／降格／役割変更は、年功序列的に運用されてきました。結果として、昇格／降格／役割変更は儀式的に取り扱われ、主体性を持つ存在としての従業員の成長とは切り離されて運用されてしまったのです。

　しかし、本来の昇格／降格／役割変更は、「07 能力開発／人材育成」「08 評価」「09 異動／転勤」と連動して運用され、主体性を持つ存在としての従業員の成長を促す体験機会であるべきです。そこには、日常的な能力開発、評価などへの取り組みが十分に反映されることが必要です。

　本章では、昇格／降格／役割変更について、特にどのような点に留意しなければいけないのか、それによってどう従業員の成長を促していけばいいのか、考察していきます。

体験機会

10-1 適性見きわめ

　昇格／降格／役割変更に関しては、人事制度上の運用と、昇格審査（アセスメント）の2つについて考えてみる必要があります。昇格／降格／役割変更を意義ある体験機会とするためには、この2つをうまく組み合わせていくことが必要になります。「10-1 適性見きわめ」では人事制度上の運用を説明し、「10-2 試験」で昇格審査（アセスメント）を説明します。

　人事制度上の運用において、従来の日本企業の昇格／降格／役割変更の運用が年功的になる理由として、等級制度における滞留年数と人事評価要件があります。これは昇格要件として、「ある等級では何年以上の経験が必要であり、かつ所定の条件の人事評価を満たすこと」と定められていることを意味します。

　こうした昇格要件があると、マネージャーがメンバーを昇格させたいと思うとき、その昇格要件を満たすように人事評価を逆算して決めるようになります。結果として、入社年次で昇格が横並びになり、「08 評価」が形骸化し、「07 能力開発／人材育成」も年功的で形式的におこなわれるようになってしまうのです。

　くわえて、こうした昇格要件は、降格を例外的な位置づけに変えてしまうという特徴を持っています。年功的に同期が横並びで昇格していくので、そもそも降格は起こりにくくなります。

　さらに、等級制度が職能資格制度（職務における能力に基づき資格昇格を決める制度）である場合、降格をおこなうことの困難さが増します。職能資格制度における能力の定義とは、課長資格相当、部長資格相当のそれぞれで、非常に曖昧な説明になっている場合が多いのです。そのような曖昧な説明に関して、「あなたの能力はこの定義より低下しました」と言い渡すことは非常

167

に難しかったので、運用としては事実上、降格をおこなうことが一部の例外として取り扱われてきました。

　役割変更にも、似たような事情があります。本来、管理職としてメンバーをマネジメントするのか、専門職としてメンバーのマネジメントはおこなわないのか、ということは、役割の違いにすぎません。ところが従来の日本企業における等級制度では、上位資格の大半の役割を管理職が占め、専門職の価値をうまく組み込むことができていませんでした。そのため昇格に伴い、専門職であった人も、一律で管理職のキャリアに変わってしまうという事態が起こっていました。あるいは、管理職から専門職に役割変更することは仕事の価値としては変わらないにもかかわらず、あたかも降格のように周囲がみなしてしまうのが実態でもありました。

　こうした従来の資格要件の一番の弊害は、従業員の主体性を奪うことにあるでしょう。制度の運用が形骸化しているのであれば、従業員が仕事に主体的に取り組んでも評価されないので、意味を感じることができません。また組織が一方的に昇格／降格／役割変更を言い渡すので、それを受け入れることに慣れきってしまいます。

　こうした状況を改善する一例として、カゴメでは次のような対応をしました[10-1]。

- 昇格要件から滞留年数を撤廃
- 昇格については、会社が一方的に決定するのでなく、昇格を希望する従業員はその意思を示し、次節で説明する昇格審査（アセスメント）を受けるという、手上げ制に改定
- 専門職コースを新設し、管理職と専門職が対等に働くことができる関係性をつくりあげた

....

※10-1 『カゴメの人事改革―戦略人事とサステナブル人事による人的資本経営―』(有沢正人、石山恒貴 著／中央経済社 刊／2022 年)

このカゴメの制度は一例にすぎませんし、制度設計についてはさまざまな考え方があるでしょう。しかし前にも述べたとおり、昇格／降格／役割変更は、「07 能力開発／人材育成」「08 評価」「09 異動／転勤」と連動して運用され、主体性を持つ存在としての従業員の成長を促す体験機会であるべきです。組織は、従来の人事制度の運用を漫然と続けるべきではありません。

　「昇格／降格／役割変更が主体性を持つ存在としての従業員の成長を促す体験機会になっているか？」

　この観点で、人事制度を見直す姿勢が望まれます。

10-2 試験

　ここでの試験とは、昇格審査（アセスメント）と定義します。ただし従来の日本企業で昇格試験と呼ばれてきたものの中には、本質的に昇格審査（アセスメント）とは異なる特徴を持つ場合があります。それがどういうものかといえば、昇格試験の別名として「管理職試験」「課長試験」「部長試験」などと呼ばれるものであり、前節で述べた年功的な昇格要件と連動しているものです。具体的に言えば、同期横並びで昇格の条件を満たした候補者への最終関門として設定される試験です。あくまで最終関門の位置づけであるため、事実上の昇格は決まっているという場合もあります。また基本的には会社が昇格試験の対象者を一方的に選定することになります。くわえて、それが存在するのか社内で明確に示されていないこともあり、昇格試験の存在自体が都市伝説のような噂の対象になっている場合もあります。

　年功的な昇格と連動した昇格試験に対し、昇格審査（アセスメント）はさまざまな場合に使われます。課長や部長を選抜する際に使われることもありますが、次の場合にも使われます。

- 年功的要素を廃止した次世代リーダーの早期選抜
- 取締役会の構成メンバーである役員の後継者候補の選抜
- フェローなどと呼ばれる高度専門職の選抜
- 非正規社員から正規社員への転換

　くわえて人事制度上の運用の昇格とは、まったく別の手法で審査されます。
　具体的な審査手法は多様です。伝統的には、アセスメントセンター方式という手法が使われてきました。アセスメントセンター方式は、適性試験、面接、インバスケット試験などを組み合わせて、職場とは別の場所で集中的に実施されます。インバスケットとは未処理の書類を入れる箱を意味した言葉で、模擬的な仕事の状況を設定し、その状況でアセスメント対象者がどのようなふるまいをするのか観察し、審査する試験です。

　アセスメントセンター方式は有効な手法ではありますが、「模擬的に設定された職場での実験のような審査は、現実的ではないのではないか」という批判もされてきました。こうした批判に対しては、グーグルの採用の考え方が参考になるでしょう。グーグルでは、単一の手法で採用を決定しません。認識能力、誠実性、リーダーシップ、構造的面接と組み合わせて、採用をおこないます[10-2]。このように、複数の手法を組み合わせておこなうことで、アセスメントの精度は向上します。

　特に注目すべきは、構造的面接です。構造的面接には、行動面接と状況面接の2種類があります。行動面接は、いわゆるコンピテンシー面接と呼ばれるものと同義の内容で、過去の業績を構造的な質問で深掘りしていきます。状況面接はケーススタディなどで模擬的な状況を設定し、その状況において、対象者がどのような判断をするかを構造的な質問で深掘りしていきます[10-3]。

[10-2] Bock, L. (2015). *Work rules!: Insights from inside Google that will transform how you live and lead.* Twelve. 邦訳版『ワーク・ルールズ！―君の生き方とリーダーシップを変える』(鬼澤忍、矢羽野薫 訳／東洋経済新報社 刊／2015年)
[10-3] Bock, L. (2015). *Work rules!: Insights from inside Google that will transform how you live and lead.* Twelve. 邦訳版『ワーク・ルールズ！―君の生き方とリーダーシップを変える』(鬼澤忍、矢羽野薫 訳／東洋経済新報社 刊／2015年)

いずれの手法も有効性は高いので、日本企業の昇格審査（アセスメント）でも多く使用されています。

　構造的面接の行動は、「リーダーシップコンピテンシー」や「リーダーシップバリュー」などと呼ばれる、各社が望ましい行動として独自に設定した基準によって審査されます。つまり構造的面接を昇格審査（アセスメント）に使用する場合は、社内で公開されている行動基準で審査されるわけです。こうした透明性は、従業員の成長を促し、良質な体験機会につながります。年功的な昇進試験の存在が、都市伝説のような噂である場合とは対照的です。

　また昇格審査（アセスメント）は、従業員の本人希望に基づく手上げ制の場合もあります。年功的な昇進試験の場合は、会社が一方的に対象者を選定することが一般的でした。対照的に、手上げ制は従業員の主体性を促すので、これも良質な体験機会につながります。

10-3　結果通知

　結果通知は、年功的な人事制度の運用と昇進試験であるのか（年功的な昇格）、手上げ制の人事制度の運用と昇格審査（アセスメント）であるのか（手上げ制の昇格）で、大きくその内容が異なります。

　年功的な昇格の結果通知は、会社主導の異動の通知に特徴が似ています。それは組織からの一方的な通知であり、昇格したこと自体の通知がおもな内容です。対照的に手上げ制の昇格の通知では、昇格の有無の通知もさることながら、今後の能力開発や目標設定との関連が主要な通知の内容になります。手上げ制の昇格審査（アセスメント）で構造的面接の審査をした場合、リーダーシップコンピテンシーやリーダーシップバリューの審査結果は明確であり、そのため今後の能力開発や目標設定に活かすことができるのです。今後の能力開発や目標設定に活かすことができるということは、結果通知が良質な体験機会につながったことを意味します。

　降格については、従来の日本企業ではその運用が稀だということを述べま

した。それだけに、降格の通知は従業員に衝撃を与えます。離職につながることもありますし、精神的なダメージを受ける場合もあります。降格の判断をおこなう場合には、タレントレビューなどを含め、関係者と複眼的な評価をおこない、慎重に進めるべきです。このプロセスを乱暴に取り扱うことは、EXという観点からは言語道断の行為であるといえるでしょう。

そのうえでも「降格やむなし」という判断に至った場合には、リーダーシップコンピテンシーやリーダーシップバリューなど、組織で基準となる行動の改善点を明確にし、今後の本人にとっての改善の指針を丁寧に伝えていくべきです。

10-4 メンタリング

ここでいうメンタリングとは、昇格あるいは役割変更などに関して、他者から助言を受けることを意味します。「08 評価」のメンタリングと同様に、マネージャーのみならず、人事部門の担当者、チームメンバー、プロジェクトメンバー、社外の関係者などから、多角的かつ日常的に助言を受けていくことが必要です。

また、昇格審査（アセスメント）を希望して手をあげる、管理職でなく専門職を志向するなどの判断は、自分がどのようなキャリアを考え、歩みたいかということにほかなりません。そのような従業員の主体的なキャリア形成を促すメンタリングができる環境整備を、組織としては進めていくべきでしょう。

くわえて従業員がどのように昇格していき、どのような役割を歩んでいきたいのかを考えるためには、従来は組織内のメンタリングこそが必要だと思われてきました。しかし近年のように環境変化が激しく、異質で水平的な知識が評価される時代においては、必ずしも組織内の中のメンタリングだけで十分だとは言えなくなってきました。むしろ、組織外の助言者を増やすことの意義が注目されるようになってきています。そのため、「07 能力開発／人

材育成」で述べた越境学習などで、組織外の多様な人々と交流することが望ましいのです。「07 能力開発／人材育成」と同様に、越境学習を組織内の優先事項に位置づけ、積極的に本人に推奨していくことが求められる時代になってきています。

10-5 周囲の理解

　昇格審査（アセスメント）は、リーダーシップコンピテンシーやリーダーシップバリューなど、各社が望ましい行動として独自に設定した基準によって審査されていました。つまり周囲の理解で重要なこととは、自社のリーダーシップコンピテンシーやリーダーシップバリューにおいて、具体的にどのようなものがその会社において求められる行動であり、逆に改善が必要な行動はどのようなものか、その認識が一致していることなのです。その認識が一致していれば、昇格審査（アセスメント）に向けて、従業員は日常的にどう取り組めばいいか理解しやすくなります。

　そうなると、自社のリーダーシップコンピテンシーやリーダーシップバリューの共通認識を評価者間で持つことが重要です。そのためには、「08 評価」で述べた、タレントレビューにおける評価者間の目線合わせに重点的に取り組んでいくことが望まれます。

問い

1 昇格／降格／役割変更をどのように従業員の成長と結びつけていけばいいでしょうか？

2 昇格審査（アセスメント）を職場の実践と結びつけるためには何が必要でしょうか？

3 結果通知で留意すべきことは何でしょうか？

COLUMN

タレントとは

「昇格審査（アセスメント）とは、タレントを選抜することだ」と理解されていることがあります。では、そもそもタレントとは何でしょうか。じつはタレントについては、大別して2つの考え方があります。才能そのものをタレントと呼ぶ場合と、才能を持った人をタレントと呼ぶ場合です。いずれもまちがいではありませんが、このコラムでは、才能を持った人をタレントとして定義します。

タレントを「才能を持った人」と定義した場合にも、さらに2つの考え方があります。組織内における次世代リーダーや幹部など一部の人だけをタレントと考える場合と、従業員全員をタレントとみなして、能力開発や目標設定など才能を開発するさまざまな取り組みをおこなっていく場合です。

実際の日本企業においては、従業員全員をタレントとみなして、

さまざまな取り組みをおこなう場合が多いようです。タレントマネジメントシステムのような HR テクノロジーにおいても、タレントを従業員全員とみなして運用する場合が一般的です。

　一部の人だけをタレントと扱う場合は表の左側の「従来型のタレントマネジメント」に、従業員全員をタレントとみなす場合は表の右側の「ケイパビリティアプローチ」に該当します。表にあるとおり、ケイパビリティアプローチは多様な従業員の可能性と価値を重視するので、EX にふさわしいといえます。

　こうした日本企業の特徴を、うまく昇格／降格／役割変更に活かすことができれば、良質な体験機会につながっていくでしょう。

図 10-1　タレントマネジメントの違い

	従来型のタレントマネジメント	ケイパビリティアプローチ
利益	組織	自由選択できる従業員
指標	組織が設定するコンピテンシー	多様性
倫理	最大多数の最大幸福 狭い、一部のエリート、 その力で組織が利益を得る	個人の可能性 包摂的、 すべての個人の価値を開発
民主性	貢献の差により、 労働力を差異化する	個人の多様性の価値を重視

出所：Downs, Y., & Swailes, S. (2013). A capability approach to organizational talent management. *Human Resource Development International*, 16(3), 267-281, p.275, 表 1 を抜粋して筆者が翻訳

PART
10
昇格／降格／役割変更

PART 11

休職（育休・傷病・出向ほか）／復職

PROCESS »

EXとほほエピソード
「育休浦島太郎」

「でしょ！ ゆいちゃんもおかしいと思うでしょ。このつらみ、だれもわかってくれないのよー!!」

ゆいは残り少ないペペロンチーノをすくいながら、目の前の先輩社員からの共感を求めるボールを一手に受け止めていた。
月曜日の昼休み。ゆいは隣の部署の恵那（えな）の誘いで、ランチをともにすることになった。職場から幾分離れた、路地裏のイタリアンレストラン。ここなら会社の人たちに話を聞かれる心配もない。そう思って、恵那はあえてこのお店を指定したのだろう。
恵那は、来月から産休・育休に入る。第一子の出産。はじめてのことで、何かと不安も多い。それは仕事に対しても同様である。
育休に入るまでの準備や引き継ぎ、育休中の過ごし方や会社とのコミュニケーション、復職に向けた準備、復職後のキャリアなど、相談したいことはいろいろある。しかし、だれに相談したらいいのかわからない。恵那のまわりには出産はもとより、育休経験者がだれもおらず、話を聞いてもらいにくい。相談されたほうも困るだろう。母親に話を聞こうにも、時代が違いすぎて参考にならない。部長の神坂（みさか）も、いままで産休・育休を経験したメンバーを持ったことがなく、恵那にどう接したらいいかわからず困惑しているとのこと。その神坂は、急成長スタートアップ企業だけを渡り歩いてきたモーレツ管理職。そういえば、いつぞやの宴会で「家事は一切かみさんに任せてきた」と豪語していたっけ。恵那は、わかってくれそうなゆいに話を聞いてもらいたかったのだ。

恵那は育休中も会社の人と連絡を取りたい、自分がいない間の会社や仕事の状況を知りたいと思っていた。いくら子育てが大事とはいっても、外とのつながりも大切にしたい。多少なりとも会社や仕事のことを知っておいたほうが、復職した後のイメージも持ちやすいし、準備もできる。

　ところが、会社からNo（ノー）を突きつけられたとのことだ。

「育休もあくまで休暇。休暇と育児に専念できるよう、情報を遮断するのがルールなんですって……」

　恵那は大きなため息をつく。

　聞けば、産休・育休中は社内情報にアクセスするためのIDは無効化され、テレワーク用の端末も召し上げられるとのこと。当然、イントラネットさえ見られない。

　なるほど、会社の考え方と言い分も理解できる。しかし、社内の情報に一切アクセスできない、イントラネットに掲載されるニュースや人事情報さえ見られないのは、やりすぎではないか。ゆいは目の前の恵那に、自分の将来の姿を重ねて少し不安になった。もし、将来この会社で産休や育休を取得するとして、休暇中も会社や仕事の情報は知っておきたいし、できることなら本を読んだり勉強などもしたい。もちろん、その時になってみて体力や気力があればの話だが。

「ねえゆいちゃん、『育休浦島太郎』って言葉聞いたことある？育休中に社会から取り残されて、まるで浦島太郎のような状態になってしまうことを言うんですって」

　なるほど。育休浦島太郎とはよく言ったものだ……などと感心し

ている場合ではない。ゆいも育休浦島太郎状態に陥るのは勘弁だ。復職後のキャリア形成にも大きく影響するだろう。

「私、育休浦島太郎になりたくない！」

恵那は、コップの水を一気に飲み干した。

その頃、双葉は会社近くの蕎麦屋で同じく先輩社員の守谷（もりや）の悩みを聞いていた。守谷は内臓に腫瘍が見つかり、入院と手術をすることに。術後の療養もかねて、1か月休職することになった。本人曰く、悪性の腫瘍でもなくひと月休めば問題なく復職できるとの判断。ところが、守谷が不在のタイミングのチームミーティングで、部長が「守谷さんが来月、病気で休職します」とだけ伝えたらしく、チームメンバーの間でおおごとになってしまったという。翌日「大丈夫なの……？」とほかのメンバーから次々に声をかけられ、コトが発覚した。

「私の口から伝えたいと部長に伝えたのに、ほんとうにこの会社はもう……」

すでに関係する他部署の人たちにも「守谷さんが大変なことになっている」話は伝わっているらしく、守谷はこうして火消しをして歩いている。

どうやら、ヒルガノフーズは情報共有が苦手な人たちが多いようだ。入社以来、双葉がうすうす感じていたモヤモヤが確信に変わった。

> ## 💡 本章のポイント

休職は、いまや一部の人のための限られたイベントではありません。人生 100 年時代、私たちが職場で過ごす期間も長くなりつつあります。それだけ、予期せぬライフイベントに遭遇したり、職場以外での新たなチャレンジをしたい意欲を持つ人も増えるでしょう。育休・産休や傷病休暇、介護休暇などのみならず、サバティカル休暇など長期の休暇を制度として運用する企業も増えてきました。出向により、本所属の組織に籍をおいたまま、他社で一定期間就業するケースも休職ととらえることができるでしょう。

組織とそこで働く個が長きに渡り良い関係でいるためにも、休職を軽視してはならないのです。

本章では、休職前後の本人および職場のメンバーに対するフォロー、休職中の本人と職場の人たちとのコミュケーションの取り方、休職期間を本人にとって有意義に過ごすための選択肢など、休職および復職における EX 向上のポイントを考察します。

体験機会

11-1 職場周知

「09 異動／転勤」や「10 昇格／降格／役割変更」と同様、休職時においても職場への周知は計画的かつ慎重におこなわなければなりません。

「ある日突然、〇〇さんが会社に来なくなった」

その状況は、まわりのメンバーをいたずらにモヤモヤさせるばかりか、休職している本人も気が気ではないでしょう（何を言われているかわからないですから）。

育休や産休、介護休暇やサバティカル休暇など、本人がいつ休職期間に入るかある程度見通せるケースにおいても、いつ・だれが・どのような手段および内容で休職を職場に周知するかの計画を事前に立て、マネージャーと本人とでよく話し合い、合意形成をしたうえで周知を進めていきたいです。「人づてで聞いた」では、本人と職場のメンバーの関係性が悪くなることがありますし、本人もいつ公にしたらいいかモヤモヤして心的ストレスを抱えることになります。

とはいえ、一斉に周知すればいいかといえばそうでもありません。一斉周知は、休職事由によっては本人のストレスになることもあります。

いずれにしても、マネージャーと本人が対話をしたうえで周知を進めましょう。

傷病休職など突然の休職の場合は、本人の体調などを勘案したうえで、タイミングを見計らい、職場にどう説明しているかをマネージャーが本人に伝えます。

`11-2` 休職前オリエン

休職者本人に対して、事前に十分なオリエンテーションをおこないましょう。以下は、休職者へのオリエンテーションで示しておきたい代表的な内容です。

❶ 休職に向けた手続き
❷ 休職中の職場とのコミュニケーション手段や窓口
❸ 休職期間をより良く過ごすための施策や選択肢の説明
❹ 復職に向けたプロセスや計画

これらを計画し、丁寧に説明することで、本人は無駄なモヤモヤを抱えることなく、安心して休職期間を過ごすことができます。休職中の時間の使い方や過ごし方を主体的に考える余地を相手に与え、休職が本人にとってより有意義なものになるでしょう。

ただし、傷病休暇など本人や家族の怪我や体調不良などによる休職の場合、説明するタイミングの配慮は必要です。あるスタートアップ企業で、メンタルヘルスを患って休職した社員に対し、休職直後にマネージャーが「いつ復職できそう？」とチャットを送り、大問題に発展したことがありました。このような問いかけは、本人に対して過度なプレッシャーを与えるばかりか、状況次第ではさらに追い込んでしまい、病状を悪化させます。悪気なく不適切な対応をしないよう、事前に産業医など外部の専門家によく相談しましょう。

11-3　休職中コミュニケーション

休職中の職場とのコミュニケーションは、より良い休職および復職を実現するためにも重視したいポイントです。双葉とゆいのエピソードで、恵那は「育休浦島太郎」なる言葉を発していました。もちろん、「休暇なのだから本人と職場とのコンタクトを控え、休暇に専念できるような環境を整えるべきだ」という主張および組織側の論理も理解できます。とはいえ、本人の意思を無視して強制的に職場の情報を一切シャットアウトしてしまうのは、さすがにどうかと筆者は思うのです。

筆者は、休職を経験した人の本音を聞く機会も多いのですが、休職中に職場とのコミュニケーションが一切断たれる状況に対してストレスを感じたり、復職後のキャリアを不安に思う人も少なくありません。これは、育休や産休に限った話ではありません。怪我による長期休暇や出向中、あるいはサバティカル休暇においても、なるべく自社や自チームの様子や変化を知って

おきたい、たまには職場の仲間と連絡を取り合いたい人もいるでしょう。本人の希望に応じ……

- 社内システムにアクセスする ID を完全に無効にするのではなく、せめてイントラネットなどの情報は見られるようにする
- 社内報を送付し続ける
- 休職中のミーティングの機会を設ける（学校の登校日のような感覚。オンラインでもいい）
- 休職者同士のオンラインコミュニティに入ってもらう（当事者同士のネットワーキングと自律的な課題解決を後押しする）

などの配慮をしたいものです。

また、本人のマインド（心持ち）が変わりやすくなるのも休職の特徴です。一定期間職場と距離を置くことで内省および自己理解が進み、仕事やキャリアに対する考え方が変わったり、新たにやりたいこと、職場で実現したいことが見つかることもあります。休職前は「休暇に専念する」と決め込んだ人が、心境や環境の変化によってコミュニケーションをとりたくなる場合もあるのです。

休職前の本人の意思決定だけに引っ張られず、本人の希望に応じてコミュニケーションをとれるようにしておきましょう。

休職期間をよりよく過ごすための選択肢も、できることなら用意しておきたいです。横浜銀行は、産休・育休中の希望者を対象に、NOKIOO が運営する越境学習プログラム「スクラ」の受講を推奨。自律的な成長および社内外のネットワーク形成に意欲的な従業員の後押しをしています。そのほか、サバティカル休暇を従業員の自律的なキャリア形成の場にするべく、研修プログラムの受講費用を負担している企業などもあります。

もちろん、休暇の時間の使い方は人それぞれ。学習や就労を強制するようなことがあってはなりません。しかし、人生 100 年時代、なおかつ多様性尊

重の時代、長い人生をより良く生きるためにも、本人の意向に応じたさまざまな選択肢はあったほうがいいと感じます。

　休職のとらえ方は人それぞれ。本人との対話を基本に、なおかつ、とりわけ休職経験者や休職したメンバーを持ったことのないマネージャーは外部の専門家やメンターなどと相談したうえで、コミュニケーションの取り方や選択肢を調整していきたいものです。

11-4　休職手続き

　煩雑な手続きは、説明するマネージャーと本人双方のコミュニケーションコストと手間を無駄に生みます。手続きはなるべくシンプルかつわかりやすく。当事者の声もヒアリングしつつ、改善を重ねましょう。

11-5　復職前面談

　いきなり復職と言われても、本人も職場のメンバーもどうなじんでいったらいいのか、どうふるまっていったらいいのかわからず、戸惑うことでしょう。復職計画に沿い、マネージャー（および人事担当者）と休職者本人とで復職前面談を実施しておきたいです。

　復職前面談は、良い復職に向けた本人と組織との対話の場です。休職者本人は次のようなことを伝えましょう。

- 復職に向けた不安
- 想定される制約条件
- キャリアに対する意向
- 知っておきたいこと
- 休職中に考えたこと

組織（マネージャーや人事担当者）は、次のようなことを伝えます。

- 復帰先の状況、顔ぶれ、職務内容
- 本人への期待
- 本人に対してできるサポート

　本人の意向によっては、復職前に短時間の職場見学やランチ会などを実施するのもいいでしょう。
　以下は、NOKIOOが実施する育休復職計画ワークショップの図の抜粋です。本人およびマネージャーに対し、復職計画を支援するための参考にしてみてください。

図 11-1　スクラ復職計画ワークショップ（株式会社NOKIOO）

2023 ©NOKIOO,INC. ALL RIGHTS RESERVED.

11-6　復職手続き

　復職のための手続きも、休職手続きと同様、できる限りシンプルかつ本人やマネージャーの手をなるべく煩わせないようにしたいです。

11-7 メンタリング

「浦島太郎」状態に陥っていればこそ、そうでなくても一定期間職場を離れている人は、多かれ少なかれ不安を感じるものです。復職前面談などを計画して実施するのも大事ですが、面談だけに限らず本人の心境に寄り添い、不安を和らげるコミュニケーションをとっていきましょう。

また、体調や家庭の事情など、相手（マネージャーや人事担当者）に直接打ち明けにくいセンシティブな悩みを本人が抱えているケースも多々あります。状況に応じて、社外のメンターやカウンセラーなど第三者に介在してもらうコミュニケーションも考慮したいです。

11-8 周囲の理解

休職に入る前と同様、復職前にも、職場のメンバーに対して本人（復職当事者）の役割、意向、制約条件、知っておいてほしいことなどを（本人と事前合意のうえで）マネージャーが周知します。だれがどんな状態で復職するか、それを知っておくだけで職場のメンバーも安心し、オンボーディングが早くなります。

休職も復職も、本人もマネージャーも未体験のケースも多いです。過去に自分が休職した、あるいは休職したメンバーと接したことがあるからといって、過信は禁物。時代も変われば状況は変わりますし、そもそも人によって性格も趣向も適する接し方も異なります。本人と丁寧な対話、および専門家などに相談しながら、本人と組織双方にとってハッピーな休職・復職をデザインしましょう。

問い

1 休職に対して特別かつネガティブな印象を持っていないでしょうか?

2 休職者に対し、会社またはチームとしてどんなフォローやサポートが考えられるでしょうか?

3 休職者を送り出す／迎え入れる組織や人たちに対し、会社としてどんなフォローやサポートが考えられるでしょうか?

PART
12

オフボーディング

EXとほほエピソード

立つ鳥跡を濁さず、もとい、立たせる巣跡を濁さず

　急成長の勢いが加速するヒルガノフーズ。採用への力のかけ方も並々ではなく入ってくる人も多いが、その一方最近では辞めていく人の姿も目立つようになった。

　双葉が入社して1年半、ゆいが入社しておよそ2年。個々のスキルや経験の限界はもとより、マネジメントやプロセスのほころびも目立つようになり、双葉もゆいも、正直いろいろ思うところはあった。経営陣（とりわけ創業メンバー）の熱量や思いと、現場のマネジメントの力量や行動との乖離も感じている。その綻びが、従業員の離職という形で表れ始めている。

　双葉は自分がいつまでここで頑張れるか、自信を失いつつある。その不安は、キャリアアップ志向の強いゆいも感じ始めていた。別に退職や転職が悪いこととは双葉もゆいも1ミリも思っていないが、組織が未熟であるがゆえの悲しい別れは経験したくないし、見たくない。できることなら笑顔で次に行きたいし、送り出したいではないか。そう思う自分たちはまちがっているのだろうか。

　そしてまた1人、退職者が出た。物流部の伊吹有海（いぶきありうみ）である。伊吹は双葉とゆいとも仲が良く、たびたび食事に行ったりもしていた。この日も業務終了後に、2人は伊吹とカラオケBOXで「発散」していた。そこで聞いた話が、双葉とゆいに衝撃を与える。

　伊吹は職場にも仕事にも不満はなかったが、キャリアアップのために他社に行く決意をした。転職先からの内定を受諾し、現職への

退職の申し出と退職日の調整を始めようとした伊吹。まずは課長に退職を申し出たものの「わかった」とだけ言われて、そのまま放置。

2日経っても3日経ってもその後のアクションがないため、課長にヒソヒソと状況を確認したところ

「そういうことは本人から直接部長に話をしたほうがいいと思うな」

とだけ言われて終了。課長から部長に話さえ通っていなかったらしい。というわけで、ゼロからスタート。

「まあ、退職され慣れていない人たちもいるからね。どうしたらいいかわからなかったんじゃないの。私も前職を辞めるときに苦労したよ」

双葉は伊吹に共感しつつ、ちょっぴり課長に寄り添う。退職され慣れていない。だから退職を持ちかけられても、どうしたらいいかわからない。ある意味で幸せな会社に共通して見られる現象でもある。

そうして部長に相談するも、そこからがまたひと悶着、そしてふた悶着。「辞表を出せ」と言われ、その日のうちにWordで作成して自署もして出した（部長は出張や会議が多く、いるときに進めないと、次いつ話が進められるかわからないので。なおかつ、ほかの人の目がないタイミングで部長に話しかける難易度もなかなか高い）。すると、直後に表情を豹変させてダメ出し。

「すぐ出すなんて誠意がない」

PART
12
オフボーディング

191

「仕事を軽く考えているのではないか」
「そもそも、こういう重要な書類は、手書きで縦書きで書くのが常
識だ」

　説教のオンパレード。あまりの大人げなさに、伊吹は言い返す気
にもなれなかったらしい。

「ありえない。そもそも、あんたの常識が世の中の常識じゃないっ
つーの！　決めつけるなー！」

　ちょうどマイクを片手に歌っていたゆいが、曲のリズムに合わせ
て絶叫する。

　悲劇は続く。インターネットで文例を調べ、やっとこさ手書きの
辞表をしたためた伊吹。その封書を提出した瞬間、また部長の目の
色が変わる。

「あのさ、『退職届』じゃなくて『退職願』ね。やり直し！」

　そして今日、ようやく退職願が受理されたらしい。

　この一連のやりとりで、伊吹は会社に対する熱が一気に冷めたら
しい。
　嫌で辞めるわけではない。お世話になった会社だから、最後まで
尽くして去るつもりだった。しかし、その気持ちは瞬く間に萎えた。

「退職願でも退職届でもどっちでもいいけどさ、お作法にこだわる
んならフォーマットくらい用意しておけっての。最後は結局、手続

きごとなんだし」

　そうすれば、退職者も会社も無駄な傷つけあいをしなくて済む。プロセスがいつまで経っても未成熟。双葉は、そんなことを思った。成長を急ぐあまり、事業の拡大や人の採用には貪欲だが、プロセスやバックオフィス体制の整備が手薄なんだろうな……。

　もちろん、退職される立場の気持ちもわかる。とはいえ、今や転職など珍しいものでもないだろう。なにより、退職者を一方的にさも裏切り者扱いし、嫌がらせのようなふるまいをするのは、会社として大人げないし、情けない。お互い笑顔で終わりを迎えるためにも、去る時のプロセス整備やふるまいはものすごく重要。そういうところに会社ももっと意識を向け、オトナになってほしい。

　自分たちも、いつかヒルガノフーズを去る時にこんな嫌がらせを受けるのかもしれないと思うと、双葉もゆいも悲しくなった。

　この手の話は、退職時だけにとどまらない。そういえば双葉は、ある社内プロジェクトで離脱が決まった次の瞬間冷たくされ始めたメンバーの話を聞いた。情報共有もされなければ、挨拶もかけてもらえなくなったらしい。

　「2人には申し訳ないけれど、俺はヒルガノフーズをだれかに勧めることは絶対ないと思う」

　伊吹は、テーブルのピーナッツを手荒く頬張った。

　なんとも切ない思いを残したまま、その場はお開き。夜空を見上げて家路をのんびり歩いていたその時、双葉のスマートフォンが震えた。

PART

12

オフボーディング

「新着メッセージあり」

　慌ててロックを解除してメッセージを開く双葉。差出人には「東郷」の二文字。なんと、前職の課長ではないか。そこにはこんな言葉が綴られていた。

　「鮎沢さん、ご無沙汰しています。新しい職場環境にはすっかり慣れ活躍されていることと思います。ところで近いうち、久々に遊びに来ませんか？　だいぶ当社の様子も変わりましたし、鮎沢さんの近況もお聞きしたいです」

💡 本章のポイント

　EX（従業員体験）が提唱された背景には、オフボーディングへの注目があります。もともと EX は、CX（顧客体験）に基づき提唱された経緯があります。顧客体験においては、顧客が商品を買う瞬間の体験だけを重視するわけではありません。むしろ商品を買った後のアフターフォロー／サービスで、顧客が良質な体験をしているかどうかが重要です。商品を買った後に良質な体験ができれば、その人たちはロイヤルカスタマー（お得意様）になってくれるわけです。
　そう考えると EX においても、オフボーディング、そして「13 退職後リレーション」こそ注目されるべきです。ところが従来の日本企業において、オフボーディングと退職後リレーションは、EX の一環であるとすら認識されてこなかった側面もあるのではないでしょうか。
　長期雇用を基調としてきた日本企業において、定年退職以前に退職する人は、極端にいえば「標準コースに乗らなかった人たち」と

して、さほど重視されてこなかったのかもしれません。また「会社とはあたかも家族のような存在だ」という考え方の組織では、自ら選択して家族から離れるのであれば、今後はその人とつきあう必要はないという結論に至っても不思議ではありません。こうした理由から、従来の日本企業において、オフボーディングと退職後リレーションは、EX の一環とはみなされてこなかったと考えられます。

しかし、そうした考え方は大きく揺らぐ状況になっているといえます。オフボーディングをおろそかにし、退職者を裏切り者扱いするような組織は、

「組織に在籍しているなら大事にするが、いったん辞めたならどうでもいい」

というメッセージを発していることになります。それは従業員にとってみれば、組織の役に立つなら大事にするが、組織の役に立たないなら関心は持たない、と言われているようなものです。「会社と従業員の関係は対等」「従業員のキャリア自律が大事」「人を尊重する」などと宣言している組織が、じつは「組織の役に立つなら」という条件をつけているとすれば、そんな組織に従業員は愛着を持てるでしょうか。

ヒルガノフーズの事例では、オフボーディングをおろそかにされてしまった伊吹は、「2 人には申し訳ないけれど、俺はヒルガノフーズをだれかに勧めることは絶対ないと思う」と双葉とゆいに言葉をかけました。辞めていく伊吹がヒルガノフーズに否定的な思いを持ったことは言うまでもありません。それだけではなく、これからもヒルガノフーズの従業員である双葉とゆいにとっても、ヒルガノフーズへの不信感が芽生えたことはまちがいないでしょう。組織に留まり続ける従業員にとっても、退職していく人へのオフボーディ

ングの影響は大きいのです。

またコラムや次章で述べるように、アルムナイという組織の退職者（組織を卒業した人）への注目が高まっています。アルムナイと良好な関係を保つことは、組織にとってさまざまな利点があります。くわえてオフボーディングを大事にすることは、在籍している従業員にも良い影響を与えます。もし、ヒルガノフーズがアルムナイになる伊吹へのオフボーディングを丁寧におこなっていれば、今後も在籍する従業員である双葉とゆいは組織を信頼することができ、2人は安心して働くことができたことでしょう。

本章は、ここまで述べた問題意識に基づきます。組織がオフボーディングをもっと重視するように考え方を変えるためにはどうしたらいいのか、オフボーディングの留意点はなにか、などについて考察していきます。

体験機会

12-1 退職面談

ここでの退職面談とは、退職したいと思った従業員が、その意思を職場で告げる面談のことを意味します。退職面談でマネージャーや人事部門担当者からどのような反応を受けるかは、EX を大きく左右する出来事になります。ヒルガノフーズの事例では、伊吹は課長に退職意思を告げたにもかかわらず、その取り扱いを数日放置されてしまいました。そのあげく、部長からは辞表の書き方について嫌がらせとしか思えない対応を受けてしまいました。

退職面談に関するこのような組織の対応は、EX という観点においては致命的であり、なんとしても避けるべきものです。ところがヒルガノフーズの

ような残念な組織側の対応は、しばしば起こっていることが現実です。この残念な対応は、退職面談において、組織側（人事部門やマネージャーなど）が退職意思を示した従業員のことを、「もう縁が切れる、今後は無関係な人」と思うのか、「今後も良好な関係を築きたい人」と思うのかという違いによって生じてしまうのではないでしょうか。組織側が退職意思を示した従業員のことを、「もう縁が切れる、今後は無関係な人」と思ってしまえば、おそらくその取り扱いはぞんざいなものとなってしまうでしょう。くわえて縁が切れるなら、「組織を離れるという裏切りをしたことへの怒りをぶつけたい」とさえ、組織側としては思ってしまうかもしれません。

　筆者自身も、組織側の残念な対応を経験したことがあります。直属ではなく、1階層上のマネージャーに退職意思を伝えたところ、そのマネージャーは開口一番に筆者にこう告げたのです。

「ちょうど賞与の評価の締め切りがすぎたところで、もう評価を変更できない。せっかく良い評価をつけたのに、こんなことなら（どうせ退職されるなら）、最低の評価にしておけばよかった」

　今までの働きについて労いの言葉をもらえるとまでは期待していませんでしたが、そこまでの嫌味な表現の言葉をかけられるとも想像していませんでした。その時の驚きと失望の感情は、今でもありありと筆者の記憶に残っています。

　一方、良い意味での驚きもありました。普段はとても仕事に厳しい人で、筆者が苦手意識を持っていた部門長がいました。その人のところに退職を報告に行ったところ、筆者が退職を決断したことを驚きながらも、

「残念だけれど、今までの労いという意味で送別会をしよう。自分が設定するから、送別会に呼びたい人を教えてくれ」

と言ってくれたのです。仕事に厳しい人だったので、退職について説教されるかもしれないと覚悟していた筆者に、その言葉は驚きでしたが、とてもうれしく感じました。その送別会は、今でも良い思い出になっています。おそらくその部門長は、筆者と「今後も良好な関係を築きたい」と思ってくれたのではないでしょうか。

この2つの対照的な反応を経験してから、筆者自身は賞与の評価を変えたいと言ったマネージャーを反面教師として、組織を去る意思決定をした人に対してはできるだけその人の気持ちに寄り添った対応をしようと心に誓いました。

退職面談では、退職意思を表明した人を「今後も良好な関係を築きたい人」と考えることが基本になるでしょう。そのうえで、今までのその人の貢献を労い、「なぜ退職したいと考えたのか」という思いを傾聴し、今後のその人のキャリアの希望に対してどのような支援ができるのかを考える、という姿勢が組織側には望まれるでしょう。

なお、マネージャーが退職の意思表明をした人に寄り添った対応をするという前提において、引き留めをおこなうのはもちろんありえることです。その人を評価していること、残ってほしいという思いを率直に伝えることは、悪いことではありません。また退職理由を丁寧に聞き、その理由に改善する余地があるなら、それを改善することで引き留める努力をしてもいいでしょう。ただ、そうした引き留め条件を提示したとしても、あくまで退職を申し出た従業員の選択を尊重すべきでしょう。退職を申し出た従業員の意思が固まっているにもかかわらず、そこでしつこく引き留めをすることが新たなトラブルを生む可能性もあります。

くわえて昨今では、この退職面談の段階で、退職代行というサービスが使われるという事態が珍しいことではなくなってきました。退職代行とは、それを専門とする会社が、本人の代わりに退職意向を勤務先に伝えるサービスを意味しています。退職代行については「若手が気軽に使っている」と受け止める見方も多いようです。そのため、退職代行を安易に気軽に使うことが

「礼儀に失している」という批判もメディアでは多く見られるようです。

　こうした批判がまったく的を射ていない、ということはないでしょう。しかし、筆者は退職代行を使った人にインタビューしたことがありますが、その事例では気軽に使っていたわけではありませんでした。その事例では、上意下達で若手の意見に耳を傾けない自組織の文化にずっと我慢してきた人が、とうとう精神的な不調を感じるようになり、やむにやまれず退職代行を使っていました。その人にとっては、その組織で退職を申し出ると引き止められたり、責められたりすることが明白であり、その状況に「自分の精神状態ではとても耐えられない」と考え、退職代行を使うことを決意したそうです。退職代行を使った日は、会社から連絡があることを恐れ、自分の居場所がわからないような工夫をしていたそうです（結果的には、会社と直接やりとりすることもなく、退職できたそうです）。

　このような事例で退職代行を使った人は、会社に対して強い不信感があり、さらに予測される会社の対応に怯えています。つまり、退職面談以前の段階のEXに課題があったわけです。退職代行に関しては、それを使われた時点で、もはやその後のオフボーディングに関して、組織と従業員が共同で進めることは事実上できなくなります。

　さらに退職代行を使った人が、アルムナイとして退職後も組織と良好な関係を築くことは、とても想定できません。オフボーディング以前のEXにおいて、組織は従業員が良質な体験機会を得ることができるように環境整備し、組織と従業員の信頼関係の構築に注力することこそ重要だといえるでしょう。

12-2 退職条件決定

　退職面談の後に、組織と従業員は本格的に協議して、退職条件を設定することになります。退職条件でおもに焦点になる事項は、退職日の設定でしょう。退職を申し出る従業員としては、組織との信頼関係が破綻していない限

りは、むしろ十分な引き継ぎ期間を確保することに留意している場合が多いと考えられます（もちろん、信頼関係が破綻していれば、その限りではありません。その場合、組織と関係する時間をなるべく短くしたいと考え、引き継ぎ期間が十分に確保できないぎりぎりのタイミングで申し出る、ということも考えられます）。また、未消化の有給休暇がある従業員であれば、当然それを消化することを計算に入れた退職日を設定したいと考えるでしょう。

ところが、せっかく従業員が引き継ぎのことまで考えて退職日を設定しようとしているのに、しばしばもめ事が生じ、すんなりと退職日が決まらないことがあるのではないでしょうか。組織側が退職を申し出た従業員を「もう縁が切れる、今後は無関係な人」とみなしてしまうと、「とにかく引き継ぎだけちゃんとやってもらおう」という発想になります。そうなると、未消化の有給休暇を消化しようとする行為を「わがままだ」と考えてしまいます。結果として、未消化の有給休暇を消化できないように退職日までの期間を短く設定したり、逆に引き継ぎを必要以上にきちんとやらせようとして退職日までの期間を長く設定したりします。

こうした退職日の設定は、組織側の腹いせであり嫌がらせだと受け止められても仕方ありません。引き継ぎができる期間を確保して退職日を設定することは組織にとって重要ですが、あくまでそれは常識として合理的な期間にとどめるべきです。それが合理的ではなく嫌がらせと受け止められるのであれば、退職を申し出た従業員が悪い感情を持つだけでなく、引き続き在籍する従業員も「嫌がらせをする組織なんだ」と認識するようになり、組織を信じることができなくなってしまいます。

12-3 職場通知

職場通知は、円滑な引き継ぎをおこなうために速やかにおこなわれるべきですし、必要な関係者に漏れなく通知されるべきです。ところが退職面談や退職条件決定の段階で組織と従業員の間にトラブルが生じていると、そもそ

も退職通知をすること自体が難しくなってしまいます。

　また組織側がどのような姿勢で職場通知をするかは、引き続き在籍する従業員への影響が大きいものです。ヒルガノフーズの事例では、双葉は社内プロジェクトで離脱が決まった人が、その後冷たくされ、挨拶さえしてもらえなくなったという話を伝え聞いていました。退職する人に関する職場通知が事務的で冷たいものであったり、その人への労いや貢献への感謝に欠けるものであったりすると、引き続き在籍する従業員は組織の本質を知ることになります。いつもは美辞麗句で「人を大切にする」と宣言している組織が、縁が切れる人には美辞麗句とは裏腹に冷たいわけです。人を大切にするという宣言には、「組織の役に立つなら」という条件が秘められていたことを、引き続き在籍する従業員は知ることになります。

　引き続き在籍する従業員を失望させないためにも、組織には言行一致が求められます。職場通知には、退職をする人への労い、それまでの貢献の感謝、今後の活躍の期待を含めることが重要です。そして、それをメールの通知などだけで終わらせるのではなく、マネージャーなどから口頭で丁寧に、引き続き在籍する従業員に伝えていくべきでしょう。

12-4 引き継ぎ

　引き継ぎが円滑におこなわれるためには、ここまで述べてきたとおり、退職面談、退職条件決定、職場通知のプロセスが機能していることが必要です。オフボーディングにおいては、すべてのプロセスが有機的に連動しているのです。このプロセスがうまくいっておらず、双葉が社内プロジェクトで伝え聞いた「冷たくされ、挨拶さえしてもらえなくなった」状態に退職をする人が陥っていたら、引き継ぎが円滑になされることは期待できなくなってしまうでしょう。

　また、「09 異動／転勤」の引き継ぎで述べたことと同様ですが、退職をする人がそれまでの仕事を属人的に進めてしまい、それらの仕事が可視化され

PART

12

オフボーディング

ていないと、問題が生じます。日頃から情報システムなどを駆使して、職場の業務全体の可視性を高めておく工夫が必要です。

12-5 退職前インタビュー

　退職前インタビューは、[12-1]退職面談とは異なる性質のものです。EXIT（エクジット）インタビューと呼ばれることもあります。職場のマネージャーがおこなう退職面談とは違い、退職前インタビューは人事部門の担当者などが退職に関する本音を退職する人から聞き取るためにおこないます。退職者の本音を引き出すことで、組織の本質的な課題をあぶり出し、今後の改善につなげていくことを目的としています。なるべくありのままを話してもらうために、退職条件決定や引き継ぎなど本音で話すことに影響してしまいそうな一連の手続きが終わった後の、退職直前のタイミングでおこなうことが一般的です。

　エン・ジャパンが2022年10月に10,432名におこなった調査によれば、退職理由について、43％の人が「本当の理由を伝えなかった」と回答したそうです。本当の退職理由を伝えなかった上位2つの理由は、「円満退社したかったから」「話しても理解してもらえないと思ったから」であるそうです。ちなみに、本当の退職理由の上位2つは「職場の人間関係が悪い」「給与が低い」というものでした[12-1]。

「退職する会社と今後も良い関係性を築きたい、だからこそ円満に退職したい」

　退職する人がそう思うのであれば、職場のマネージャーが気を悪くするかもしれない本当の退職理由を伝えないということは、当然の行為でしょう。

....

※12-1　「エン転職」1万人アンケート「本当の退職理由」実態調査
　　　　https://corp.en-japan.com/newsrelease/2022/31043.html

だからこそ、人事部門の担当者が、守秘義務を厳守して職場の関係者には内容を伝えないという条件で、退職に関する本音を聞き取ることが重要なのです。

筆者自身、人事部門の担当者であったときには、退職前インタビューの重要性を感じ、数多くそれを実施してきました。もちろん、守秘義務を厳守すると約束したところで、退職する人が組織を警戒して本音を教えてくれないことはしばしばありました。しかし同時に、守秘義務を厳守してくれるならということで、組織の問題点を赤裸々に語ってくれる人が多かったことも事実です。その赤裸々な課題を人事部門の担当者として解決できていなかったことには、筆者は申し訳なさと忸怩たる想いがありましたが、それでも今後の組織の改善にとっては最優先で把握すべき内容でした。

ただ、退職前インタビューの効果はそれだけではなかったと感じています。退職する人は、本当の退職理由を隠したまま、組織を去ろうとしています。しかし、心の奥底では「じっくりそれを聞いてほしい」という思いもあるようです。そうであれば、組織を代表する形でその思いを人事担当者が真摯に傾聴することは、退職する人にとってはそれ自体が望ましい EX になるようなのです。

筆者も退職前インタビューを始めたころには、「退職する人にとってはもはや改善されないことを、ただ人事担当者が聞き取るということ自体が問題ではないか」という懸念がありました。しかし、数多く退職前インタビューをおこなう中で、これ自体に EX としての価値があることを筆者は理解するようになっていったのです。

ところで、面白法人カヤックには「ファイナルブレスト」という、退職前インタビューの機能をチームでおこなうものへと発展させた仕組みがあります。これは退職を決めた人自身も参加して、どうしたらその人が退職せずに済んだか、関係者のブレーンストーミングでアイデアを出しあう仕組みです。退職前インタビューと同様に、今後の組織をより良くしていくことと、その退職者と良い関係を続けることを目的としておこなっているそうです[12-2]。

面白法人カヤックは、企業文化としてブレーンストーミングが浸透している会社です。だからこそ、退職前という難しいタイミングでも「ファイナルブレスト」をおこなうことができるのでしょう。すぐにほかの組織でも真似できることではないかもしれませんが、「オフボーディングを組織側と退職する人の双方で前向きにとらえ直す」という観点で、参考になる事例だと考えます。

12-6 退職手続き

オフボーディングの最後のプロセスが、退職手続きです。退職後の情報漏洩や競業避止などのリスク防止の観点から、誓約書には細かい文言が並んでいると思われます。こうした内容を退職する人が「冷たい」と感じるかもしれませんので、趣旨を丁寧に客観的に伝えることが重要でしょう。また、退職手続きにおいても、退職する人に労いの言葉をかけてあげたいものです。

くわえて、退職手続きの際に、アルムナイ制度への登録を勧めることができれば理想的です（アルムナイについてはコラムを参照）。登録を勧めてもらっただけで、退職する人としては、組織が「今後も自分と良好な関係を結びたい」「自分を必要としている」と思うことができるでしょう。

※12-2 「面白法人カヤック」ホームページ
https://www.kayac.com/vision/brainstorm

問い

1 オフボーディング以前のEXで大切なことは、何でしょうか?

2 職場通知をおこなう際に、留意すべきことは何でしょうか?

3 退職手続きで留意すべきことは何でしょうか?

COLUMN

アルムナイとは

　本文で、アルムナイとは組織の退職者（組織を卒業した人）であると説明しました。また退職手続きの際にアルムナイ制度を勧めることができれば理想的である、とも述べました。

　アルムナイについては、それが再雇用される従業員のことだけを意味していると思われる場合がありますが、本来は再雇用者だけに限定されません。あくまで組織を卒業した人であり、たとえ再雇用されなくても組織へのファンであり続ける人を意味するのです。そのような意味では、組織がアルムナイの集団を形成することは、卒業した人々によるファンコミュニティを形成することでもあるのです。

　以降、アルムナイを再雇用とファンコミュニティに分けて説明します。

　組織にとって、アルムナイを再雇用することの有効性は、古くから知られていました。再雇用者は、いったん組織から離れたことで、

組織内では得られなかった知見を獲得し、それによって組織に変革の新しい風を吹かせることが期待できます。また、もともと在籍していた組織なので、その文化を熟知し人脈もあるので、再雇用後にすみやかに組織になじみ、活躍することが期待できます。たとえば、2005年の段階でワークスアプリケーションズが「カムバック・パス制度」を導入したことは有名です。在籍時の評価などで一定の条件を満たすと、一定の期間内であれば、退職者は再入社できる権利を得る仕組みです[12-3]。

　ただ、アルムナイにおける再雇用は、必ずしも無条件である必要はありません。アルムナイとして登録さえしておけば、そこで組織とアルムナイの接点が継続します。そのため採用面接などを受けるプロセスがあったとしても、アルムナイは自分の希望・適性に合致した採用募集の情報を獲得しやすくなり、結果的に再雇用が促進されることになるのです。

　しかしアルムナイ制度の目的は、再雇用だけでありません。あくまでファンコミュニティを形成することにあるのです。

　アルムナイコミュニティを日本でいち早くビジネス化したハッカズークによれば、組織が生産性の高いアルムナイだけに興味を持つことは禁物だということです。とにかくゆるいつながりを持つことが大事で、再雇用だけでなく、「協働してビジネスをする」「お客さまになる」など、アルムナイには多様な可能性があります。そのために、ハッカズークは、アルムナイと現役従業員が気軽にやりとりできるSNSのようなスマホアプリによるコミュニティづくりを多くの組織に提供しているのです[12-4]。

　スープストックトーキョーには、アルムナイにバーチャル社員証を付与する「バーチャル社員制度」という仕組みがあります。それによって、アルムナイが10％オフで店舗を利用できる、社内報を見れる、社内向けイベントに参加できる、などの権利を獲得できるそ

うです※12-5。アルムナイのファンコミュニティとして、参考になる
取り組みでしょう。

※12-3 ZDNET「ワークス、在職中の評価に応じて退職者が再入社できる新制度」
https://japan.zdnet.com/article/20092043/
※12-4 日刊ゲンダイデジタル「退職者とつながる「アルムナイ」を企業が続々導入 人手不足解消だけではないその効用とは」
https://www.nikkan-gendai.com/articles/view/money/340125
※12-5 日本経済新聞「スープストック、離職率3年計画で改善 人事制度見直し」
https://www.nikkei.com/article/DGXZQOUC171OV0X10C24A5000000/

PART

12

オフボーディング

PART
13

退職後リレーション

EXとほほエピソード

変わり始めた組織、揺れ動く心

　月曜日。双葉とゆい、それぞれに1通の社内メールが届いた。差出人は人事部、件名は『【依頼】エンゲージメントサーベイ回答のお願い』とある。何のことはない。年1回会社が全社員に対しておこなっている、会社や仕事に対する満足度や愛着および経営方針の理解度や共感度合いなどを問う調査だ。100近くの質問に、「はい」「どちらかといえばはい」「どちらともいえない」「どちらかといえばいいえ」「いいえ」の5つの選択肢を選んで回答していく。

　双葉とゆいは、それぞれの場所で、淡々と質問に即答していった。と、最後の質問で手が止まる。

「あなたは、当社を他の人に薦めたいと思いますか」

　自信をもって「はい」と答えられない自分たちに気づき、戸惑う2人。

　双葉は転職して間もない頃は、何のためらいもなく「はい」を選んでいた。ゆいも同じだ。ところが、今はどうだろう。内向きすぎるカルチャー、目に見える目先の成果しか評価しない姿勢、過去のやり方を改めようとしないマネジメント……この2年間で身のまわりに起こったできごとが、2人の脳裏を駆け巡る。

　極めつけが、伊吹に対する塩対応。プロセスもカルチャーもあまりに未成熟すぎる。創業間もないベンチャー企業なら「まあ仕方ないね」で済ませられる部分もあろう。しかし、ヒルガノフーズはいまや1,000名を超える企業である。なのに組織を改善しようとしな

いのは、自浄作用もアップデートも働かないのは正直モヤモヤする。

「いまのままで、いいのだろうか？」

ゆいは、いつものセリフを自分自身に何度も何度も問いかけた。

悩んだ末、2人は回答を終えて提出ボタンを押した。
「いいえ」の回答が2つ増えた。

　次の月の金曜日の夜、双葉は久しぶりに前の職場である駒門精密の門をくぐった。「アルムナイ懇親会」に参加するためだ。アルムナイとは卒業生・同窓生を表す英単語だが、転じて企業などを退職した人たちをも指すらしい。最近では、退職者同士および退職者と現職者が再び交流するアルムナイイベントを催す企業も増えているそうだ。そして双葉はいま、アルムナイ懇親会の会場である社員食堂の片隅に立っている。
　時流に合わせられるようになったあたり、駒門の空気も変わってきたのかしら。そういえば、この社員食堂もすっかりリニューアルされ、カフェ＆ラウンジのようなおしゃれなオープンスペースに。会社の見違えるような変貌ぶりと、出戻りである立場が交錯し、双葉はちょっぴり居心地が悪い。ほかのアルムナイもそう感じている様子だ。
　と、そこになじみの顔が現れた。

「おお、鮎沢さん。よく来てくれたね！　元気そうでうれしいよ」

　東郷の明るく野太い声が、社員食堂、もといオープンスペースに響く。まわりには元同僚の姿も。オードブルをつまみ、お酒やソフ

PART
13

退職後リレーション

トドリンクを傾けながら、雑談と近況共有が始まる。双葉の居心地の悪さはすっかり和らいだ。まもなく、人事部長が姿を表し、スピーチを始めた。

　現役の社員と退職者が笑顔で再開し、交流する。かつての駒門だったら考えられない景色だ。辞めた人イコール不義理を働く裏切り者のようにとらえていた人も正直多かった。その駒門の人たちが、出て行った私たちをこうして快く受け入れてくれるようになるなんて……

　「組織は変われるんだ」

　双葉はその変化がうれしく、そして前職が誇らしくなった。

　帰り際、東郷は双葉にそっと声をかけた。

　「鮎沢さん、よかったら駒門（ウチ）に戻ってこない？　鮎沢さんにまた力を貸してほしいって僕も思うし、メンバーも待っている。僕たちはいつでも大歓迎だよ」

　柔らかな微笑みを崩さない東郷。しかし、その眼差しは真剣だった。双葉もまた、真剣な眼差しでかつての上長の思いを受け止めた。

　「組織は変われる。私もそこに賭けてみよう」

　双葉の心は決まった。
　その日双葉が見上げた夜空は、いつになく澄み渡っていた。

💡 本章のポイント

　従業員が退職することを悪く思う企業は少なくありません。特に日本では、長期雇用が当たり前だったことの影響で、退職者を「裏切り者」のように見ることもあります。しかし、この考え方は企業にとって問題を引き起こします。

　退職者との関係を断ち切ると、その人が外で得た新しい知識やスキルを会社に活かせません。たとえば、ある従業員が退職後に海外で最新のマーケティング手法を学んでも、その知識を会社に持ち込む機会を逃してしまいます。

　退職者を大切にしないと、会社の評判が悪くなることもあります。不満を持った元社員が外で会社の悪口を言えば、優秀な人材が入社しなくなります。

　さらには、一度退職した人を再び雇う「出戻り採用」のチャンスも失ってしまいます。会社のことをよく知っていて、外の経験も持つ貴重な人材を逃すことになるのです。

　他方で、退職者との関係を大切にすれば、思わぬメリットがあります。たとえば、退職者のネットワークを通じて業界の最新情報を得たり、新しいビジネスチャンスを見つけたりできます。

　本章では、こうした退職者との関係について見ていきます。退職を「さようなら」ではなく「また会いましょう」と考えることで、会社と個人の両方に新しい可能性が生まれます。

PART

13

退職後リレーション

体験機会

13-1 退職後コミュニケーション

　退職は、会社との関係の終わりではなく、新しい関係の始まりです。退職後も元従業員として、さまざまなコミュニケーションの機会に恵まれることがあります。それらの機会は、個人の成長や元の会社との絆を深める体験となります。

　たとえば、退職して数ヶ月後、元同僚から「アドバイスがほしい」と連絡が来るかもしれません。その時、自分の経験が役立つことに喜びを感じるでしょう。会話を通じて、会社の最新の状況を教えることもできます。何気ない交流が、将来の協力関係につながることもあります。

　また、業界のイベントで偶然、元上司に出会うこともあるでしょう。近況を語りあう中で、互いのキャリアについて発見があるかもしれません。「じつは新しいプロジェクトを始めようと思っている」などの話から、予想外の協働が生まれることもあります。

　退職後しばらくして、会社の行事に招待されることもあります。そこで旧友との再会を楽しみながら、会社の歴史の一部として自分の経験を共有できるでしょう。会社との絆を再確認し、自分のキャリアの意味を再認識する場となります。

　さらに近年は、SNS を通じて元の会社の同僚とつながることも増えています。元同僚の投稿にコメントしたり、会社の公式アカウントの発信を共有したりすることで、緩やかな関係を保つことができます。

　退職後のコミュニケーションは、決して計画的におこなわれるものだけではありません。むしろ、日常の中で自然に生まれる機会です。退職後のコミュニケーションを通じて、元従業員は新たな視点を得たり、思いがけないチャンスをつかんだりすることができます。同時に、元の会社にとっても、外部

の視点やアイデアを得る貴重な機会となります。

このように、退職後のコミュニケーションは、個人と組織の双方にとって価値ある体験となります。それは思い出話にとどまらず、新たな可能性も開くのです。

13-2 アルムナイコミュニティ活動

アルムナイという言葉は、元々「卒業生」を意味しますが、ビジネスの文脈ではもう少し広い意味を持っています。経営組織におけるアルムナイは、おもに2つの側面で使われます。1つは退職した元従業員を指す場合、もう1つは退職者と現役従業員が交流するネットワークを指す場合です。特に後者は「アルムナイコミュニティ」として、組織にとって意義深い活動になっています。

アルムナイコミュニティは、企業の評判を高める役割を果たします。退職者が自社での経験を外部で語り、自社の良さや文化を広めることで、企業ブランドの向上に寄与します。アルムナイ同士の交流を通じて、退職者が自社に対する好印象を持ち続けることも可能になります。

日本におけるアルムナイコミュニティの普及は、まだ発展途上です。しかし、一部の先進的な企業ではすでに導入が進んでいます。たとえば、株式会社荏原製作所は、クラウドサービスを利用してネットワークを運営しています。双日株式会社も、退職者との面談やプロジェクトのアドバイスを通じて関係を維持しています。

アルムナイコミュニティが企業にもたらす具体的なメリットは、おもに3つの側面から考えられます[※13-1]。

※13-1 Dachner, A. M., and Makarius, E. E. (2022). Follow the trails: A path to systematically designing corporate alumni programs. *Organizational Dynamics*, 51(4), 100897.

❶ 人的資本の向上

退職者が持つ知識やスキルを再活用することで、人的資本を強化できます。特に、組織の文化や業務にすでに精通している元従業員を再雇用することで、新たな人材を育てるコストを削減できます。

❷ 社会的資本の構築

継続的な関係性を構築することで、組織は外部とのネットワークを強化できます。新しい知識や情報、ビジネスチャンスがもたらされる可能性が高まります。

❸ 評判資本の向上

アルムナイが外部で組織の評判を高める役割を果たします。退職者が自社の良い面を外部に伝えることで、企業ブランドの向上に寄与します。また、外部からのフィードバックを企業に持ち帰ることで、内部の改善にもつながります。

一方で、アルムナイコミュニティにはリスクも存在します。特に、従業員が他社に引き抜かれるリスクや、ネットワーク維持にかかるコストが問題となる場合があります。また、ネットワークが閉鎖的になりすぎると、情報の新鮮さや多様性が失われる可能性もあります。

アルムナイコミュニティを効果的に運営するためには、いくつかのポイントがあります[13-2]。

❶ アルムナイコミュニティを通じて得たい成果を設定する

たとえば、ビジネス戦略やビジョンと整合する形で、コミュニティの目的を定めます。

❷ 既存の人事制度との接続、ダイバーシティの確保、定期的な接点の設定をする

在職中からアルムナイコミュニティの存在を周知し、離職後も継続的な関係を保てるような仕組みを構築します。

❸ コミュニティ運営の成果を評価するための指標を設定する

たとえば、満足度調査やイベント参加率などを通じて、運営の効果を測定します。

アルムナイコミュニティは、企業と退職者の関係を新たな形で再定義するものです。適切に運営すれば、組織にとって大きな資産となりうる一方で、慎重に管理しないとリスクも伴います。そのため、戦略的に計画し、継続的な見直しをおこなうことが求められます。

13-3 再雇用

再雇用とは、一度辞めた従業員を再び雇う方法で、出戻り採用とも呼ばれます。この手法は、英語で "Boomerang Employment" といい、ブーメランのように、一度会社を離れた従業員が再び戻ってくることを指します。

この方法が注目される理由は、その多くのメリットにあります。

まず、出戻り採用に対する一般的な懸念について考えてみましょう。多くの企業が持つ疑問の1つは、「一度辞めた従業員は、またすぐに辞めるのではないか」というものです。しかし、実際の調査結果は違います。出戻り採用された従業員の離職率は、ほかの採用手法と比べて低いことがわかっています[13-3]。一度辞めた経験があるため、再度戻ってきた従業員のほうが長く

※13-2　Dachner, A. M., and Makarius, E. E. (2022). Follow the trails: A path to systematically designing corporate alumni programs. *Organizational Dynamics*, 51(4), 100897

※13-3　Booth-LeDoux, S. M., LeDoux, J. A., and Champagne, L. (2019). Employee retention: a turnover analysis of boomerang employees. *International Journal of Work Organisation and Emotion*, 10(2), 91-108.

働く傾向があるのです。

　では、なぜ従業員は一度辞めた会社に戻りたいと思うのでしょうか。その背景には、レガシー・アイデンティフィケーションという考え方があります[13-4]。これは、以前働いていた組織と個人のアイデンティティが深く結びついている状態を指します。この結びつきが強い人ほど、再びその組織に戻りたいと感じます。元の会社での経験や価値観が自分の重要な一部となっているため、その組織に戻ることが自然な選択となるのです。

　レガシー・アイデンティフィケーションを高めるためには、会社の評判を高めることが重要です。他者からの評価が高い企業は、元従業員にとっても魅力的に映り、その結果、戻ってくる意欲が高まります。自社のコアバリューや独自性を明確にすることも効果的です。従業員が離職後もその企業の一部であると感じやすくなります。

　出戻り採用のもう1つの利点は、採用した従業員がすでに組織の文化や業務プロセスを理解していることです。新たに採用する従業員よりも早期戦力化が可能になります。特に、在籍していた時に高いパフォーマンスを発揮していた従業員は、再度採用された後も高い成果を期待できます[13-5]。これは、その従業員が組織内で必要な知識やスキルをすでに習得しているためです。

　出戻り従業員が活躍しやすい環境も考慮する必要があります。研究によると、はじめに在籍していた時と同じ職場に戻るほうがパフォーマンスは向上しやすいことがわかっています。上司が変わることはパフォーマンスに大きな影響を与えませんが、職場が変わるとパフォーマンスが低下する傾向があります。そのため、出戻り従業員は元の職場に配属することが望ましいでしょう。

　出戻り採用の成功の鍵は、「連続性」と「非連続性」のバランスにあります。連続性とは、以前の経験や知識を活かしながら再び組織に貢献することです。これにより、新たな環境に適応するための時間やコストを節約できます。一方で、ほかの会社で得た新しい知識やスキルを持ち帰ることで、組織に新しい風を吹き込む非連続性も重要です。しかし、この非連続性を活かす

には、受け入れ側の組織文化や体制が柔軟である必要があります。

　総じて、出戻り採用では、連続性と非連続性の両方をバランスよく取り入れることが求められます。元従業員の強みを活かしつつ、新たな知識やスキルを取り入れることで、組織全体の成長を促すことができます。

問い

1 退職した従業員との関係を積極的に保っていますか？
元従業員がほかの会社で得た新しい知識やスキルを、自社で活かせるような機会を設けていますか？

2 自社の評判や独自性を高める取り組みをしていますか？
それによって、退職者が「また戻りたい」と感じる環境づくりを意識していますか？

3 出戻り採用をおこなう際に、連続性と非連続性のバランスを意識していますか？
元従業員の強みを活かしつつ、新たな視点やスキルも取り入れる工夫をしていますか？

※13-4　Tian, Z., Yuan, Q., Qian, S., & Liu, Y. (2022). The Generative Mechanism of Boomerang Intention: From the Perspective of Legacy Identification. *Frontiers in Psychology*, 12, 807887
※13-5　Swider, B. W., Liu, J. T., Harris, T. B., and Gardner, R. G. (2017). Employees on the rebound: Extending the careers literature to include boomerang employment. *Journal of Applied Psychology*, 102(6), 890-909.

PART

13

退職後リレーション

COLUMN

越境学習とは

　近年、企業の人材育成において「越境学習」という考え方が注目されています。越境学習とは、慣れ親しんだ環境（ホーム）から不慣れな環境（アウェイ）に身を置き、両方の環境を行き来しながら学ぶことです[13-6]。

　たとえば、大企業の従業員がベンチャー企業やNPO・NGOなどに出向し、一定期間働いた後に自社に戻るパターンがこれに当たります。アウェイでは、自分が当たり前と思っていた価値観ややり方が通用せず、戸惑いや葛藤を感じることがあります。しかし、そのような葛藤に向き合い、新しい環境に適応しようと努力することで、広い視野を得ることができます。

　この「ホーム→アウェイ→ホーム」のサイクルは、出戻り採用にも共通する点があります。かつて自社で働いていた人が、他社での経験を経て再び自社に戻ってくるケースです。出戻り従業員は、自社の常識に染まりすぎておらず、外の視点を持ち込んでくれます。それによって、新しい気づきをもたらし、イノベーションの原動力となる可能性があります。

　ただし、アウェイから戻った人材を受け入れる側にも心構えが必要です。彼ら・彼女らの感じる「違和感」を大切にし、その視点を活かす工夫が求められます。戻ってきた人材の意見を頭ごなしに否定せず、興味を持って耳を傾けることが重要です。また、情報提供や人脈の紹介などでサポートすることも必要です。時には、一緒に課題解決に取り組む仲間となることも効果的でしょう。

越境学習や出戻り採用のポイントは、「ホームとアウェイの行き来」にあります。異なる環境を行き来することで、自社の「当たり前」を相対化し、新たな気づきを得る——その視点を活かしていくことが求められます。

※13-6 『越境学習入門：組織を強くする「冒険人材」の育て方』(石山恒貴、伊達洋駆 著／日本能率協会マネジメントセンター 刊／2022年)

PART

13

退職後リレーション

エピローグ
それぞれの決意、それぞれの選択

　月日は瞬く間に過ぎ、ヒルガノフーズも新たな桜の季節を迎えようとしている。
　新年度はじまりの4月、ゆいは人事部のフロアで新たなスタートを切った。ジョブ・ポスティング制度（会社が人を必要とする部署や仕事（ポスト）の要件を提示し、希望する社員が応募して選抜される仕組み）を利用し、ゆいは人事部に手を挙げたのだ。

「あなたは、当社を他の人に薦めたいと思いますか」

　この質問に「いいえ」を選択したとき、ゆいの心の中で何かが動いた。

「いまのままで、いいのだろうか？」

　自分自身へのこの問いが、これまでになく膨らんだ。
　転職も考えた。が、そのまま終わってしまっていいのだろうか。仕事そのものには満足しているし、やりがいも感じている。一方で、今いる場所をもっと良くしたい。伊吹のような切ない思いをする人をもう見たくない。でも、どうすれば？
　その直後、ゆいはEXなる言葉に出会った。Employee Experienceの略語で、従業員体験と説明されるらしい。

「これよ、これだわ！　当社に足りないのは」

　ゆいの好奇心のアンテナに、EX の 2 文字が瞬き始める。そこからの、ゆいのスピードは速かった。

「当社に足りないのは、EX の発想です！」

　持ち前の行動力を発揮し、人事部長に直談判。経営陣との対話会など、ことあるごとに EX を叫び、ついには人事部に EX 推進担当の新設を決意させる。その第 1 号社員として、ゆいは起用された。
　マーケティングのプロを目指していたゆい。不思議と、人事異動に対するためらいはなかった。「マーケティングの対象が顧客（社外）から社内（従業員）に変わるだけ」そう考えたからだ。いまは、自組織と人へのマーケティングに意欲を燃やしている。

「私、絶対ここでマネージャーになってやるんだから！」

　まだだれも出社していないフロアで、ゆいは呟く。

「正しいことをしたければ偉くなれ」

　ゆいは、父親がよく見ていたテレビドラマのフレーズを思い出した。もっとも、職位に偉いも何もない。そういう文化を変えていきたいし、職位に関わらず正しいことができる組織を創っていきたい。ゆいの決意は固かった。

　一方の双葉。
　駒門産業のリニューアルしたての真新しいオフィスに双葉の姿

……はなかった。双葉はヒルガノフーズで、そして同じ事業推進部で新たなミッションにチャレンジすることにしたのだ。

　かつての仲間たちと再会したあの夜、東郷からもらったメッセージを双葉は何度も噛み締めた。双葉は、決して駒門が嫌いで辞めたわけではない。東郷の誘いを受けて駒門に戻れば、それはそれで幸せなキャリアを歩むことができただろう。しかし、はたしてそれでいいのだろうか？　双葉は悩んだ。何よりも……

　　組織は変われる。

　あの時感じた確信を、ヒルガノフーズの未来に賭けたいと双葉は思ったのだ。

　いわゆるJTCと呼ばれる駒門だって変われた。ヒルガノだって、変われないはずはない。むしろ、自分たちの手で新しい景色を創ってみたい。

　とはいえ、今の仕事をそのまま続けているだけでは、組織に対して何も影響を及ぼすことはできない。

　その翌週、双葉はたまたま参加した社外の越境学習コミュニティで"HRBP"なる考え方に出会った。HRBPとはHuman Resource Business Partnerの略で、人事や人材開発における事業部門の経営者や責任者のパートナーを示す機能を言うらしい（JMAM日本能率協会マネジメントセンターのサイトより）。HRBPの形態はさまざまだが、双葉のように事業部門に軸足を置きながら組織を良くする役割もHRBPととらえてよさそうだ。

　「決めた！」

　双葉はHRBPを名乗ることにした。そうして、部門長に寄り添い

ながら良い組織づくりをするミッションを担うことになったのだ。もちろん、1人前のHRBPパーソンになるためには、組織や人事のことを勉強しなければならない。

「今度ゆいに会ったら、HRBPって言葉を教えてあげよう！」
「そうだ、双葉に『EXって知ってる？』って聞いてみようかな」

お互い、次に会ったときに交わすテーマが決まった。

双葉とゆい。2人はそれぞれの場所で、新たな道を歩み始めた。ヒルガノフーズをもっと好きになりたいから、そしてより多くの人たちにヒルガノフーズを好きになってほしいから。

おわりに

EX ジャーニーマップを地図とする新たな旅のはじまり

読者のみなさま、ここまでの EX の旅は、いかがだったでしょうか。

エピローグは、ゆいと双葉がそれぞれお互いに EX と HRBP という言葉を伝えようと思ったところで終わりました。自分が興味を持ち始めたことを他者に伝えようと思うとき、人はワクワクするものです。あの人は、どんな反応をしてくれるだろうか。あの人にそれを話すことで、どんな化学反応が起きるだろうか。その化学反応は、私たちをどんな世界へと導くことになるだろうのか……。

EX ジャーニーマップを世に問うた私たちも、今まさにそんな気持ちになっているのです。生活者、候補者、従業員、退職者の 4 つのライフステージに沿い、EX の体験機会を 13 のプロセスに分類した EX ジャーニーマップは、これまでには存在しなかった新しいフレームワークだと、手前味噌ながら私たちは自負しています。しかしながら、この EX ジャーニーマップは完成した最終形ではありません。EX ジャーニーマップのあり方は、それぞれの組織によって異なり、各組織でありたい姿を追求していくべきものです。そしてもちろん、時代の変化によっても、その内容は更新されていくべきでしょう。そのような意味で、この EX ジャーニーマップの提示は議論の第一歩なのです。

今までの日本社会における個人と組織の関係においては、個人が従業員として組織に在籍している期間だけが重視されてきたのではないでしょうか。しかし時代の変化は、入社前の候補者、休職者、越境学習者、退職者（アルムナイ）も同様に同じ人間であることを理解するように、組織に要請しつつ

あります。

　くわえて時代の変化は、EX ジャーニーマップが経営陣や人事部門だけが使いこなすものではないことを明確に示しつつあります。組織を定義することは学問上においても、なかなか難しい問題です。ただ組織とは、一部の人の考えによって、その特徴が決められてしまうものではないでしょう。あくまで組織を構成する個々の人間の意思とその相互作用によって成り立つものなのです。だとすれば、EX ジャーニーマップは、組織に属するすべての人にとって、他人事ではありません。組織に属するすべての人が当事者として、より良い体験機会の創出を目指していく性質のものなのです。

　だからこそ私たちは、なるべく多くの人々と、EX ジャーニーマップを地図として、一緒に旅を始めてみたいのです。そして、より良い組織、良い働く景色が日本に創り出されていく瞬間に立ち会いたいのです。かつて組織心理学者のカール・ワイクは、地図さえあれば意味ある現実を創造していくことができると唱えました。ぜひ多くの人々と一緒に、EX ジャーニーマップを地図として、私たちは意味ある現実を創り出していきたいと願っています。

　現段階の EX ジャーニーマップそのものも、共創によって意味を持ちました。この共創は、首都圏と静岡県浜松市を往復する旅によって成り立ちました。著者 3 人とともに、共創という旅に取り組んだ本多陽子さん、岡本克彦さん、平野乃愛さん、技術評論社の傳智之さんに、あらためて感謝いたします。

2024 年 6 月
越境学習の聖地・静岡県浜松市へと向かう新幹線の中で
石山恒貴

「思い出に残る従業員体験」を創ろう

　ノスタルジアという考え方があります。これは、過去の輝かしい「思い出」を懐かしく想起することを意味します。長らく、ノスタルジアは過去に囚われる否定的な感情として捉えられてきましたが、近年の研究により、その効果が科学的に実証されつつあります。興味深いことに、ノスタルジアはウェルビーイングに良い影響を与えることが明らかになってきました。

　過去を振り返ることで、私たちは自己の連続性や社会的なつながりを再確認できます。これは単なる回顧ではなく、アイデンティティの強化や対人関係の再評価をもたらします。さらに、過去の良い思い出は、現在の困難を乗り越える力となり、未来に向けてのモチベーションにもなりえます。このように、ノスタルジアは過去・現在・未来をつなぐ心理的機能を果たしています。

　本書は EX（従業員体験）に焦点を当てていますが、このテーマを掘り下げる中で、私はノスタルジアとの関係性に気づきました。本書の主張は、優れた従業員体験を提供することの重要性にありますが、それは同時に、従業員にとって価値ある思い出を作り出すことでもあります。言い換えれば、従業員体験の向上は、将来のポジティブなノスタルジアの源泉となるのです。

　従業員体験とは、一時的な満足ではなく、長期的に意義のある良い思い出づくりであり、後年「あの時代は本当に充実していた」と肯定的に振り返ることのできる時間と機会を提供することです。

　人生において、私たちは膨大な時間を仕事に費やします。その時間を意義深い思い出で彩ることができれば、人生の質は大きく向上するでしょう。職場におけるポジティブな経験は、従業員の満足度や生産性、モチベーションを即時的に向上させるだけでなく、長期的なキャリア形成や人生設計にも好影響を与えます。

本書では、こうした「思い出に残る従業員体験」を創出するための具体的なヒントについて記述しています。それは、職場環境の改善から、人間関係の質の向上、個人の成長機会の提供、そして仕事の意義の明確化まで、多岐にわたります。読者のみなさんには、従業員１人１人の人生に深い意味を与える思い出づくりとしての従業員体験の提供を、ぜひ積極的に進めていただきたいと思います。

　最後に、本書を執筆し完成させる過程で、多くの方々から貴重なご協力とご支援をいただきました。この協働のプロセスそのものが、私にとって意義深く価値ある体験となり、素晴らしい思い出として心に刻まれています。

　将来、このプロジェクトを振り返るとき、私はきっと大きな喜びと感謝の念とともに、この時期を想起することでしょう。そして、その温かな思い出が、私に新たな創造のエネルギーを与えることを確信しています。本書の構想から完成に至るまで、さまざまな形でご協力いただいたすべての方々に、心からの感謝を申し上げます。

　読者のみなさまの職業人生が、素晴らしい思い出と共に彩られ、そしてそれらの思い出が未来への希望と活力の源となることを祈っています。

2024 年 6 月

株式会社ビジネスリサーチラボ　代表取締役

伊達洋駆

Profile

沢渡あまね（さわたり あまね）
作家・企業顧問／ワークスタイル＆組織開発
『組織変革 Lab』『越境学習の聖地・浜松』『あいしず HR』主宰

あまねキャリア株式会社 CEO ／株式会社 NOKIOO 顧問／大手企業 人事部門・デザイン部門ほか顧問。プロティアン・キャリア協会アンバサダー。DX 白書2023有識者委員。
日産自動車、NTT データなど（情報システム・広報・ネットワークソリューション事業部門などを経験）を経て現職。400以上の企業・自治体・官公庁で、働き方改革、組織変革、マネジメント変革の支援・講演および執筆・メディア出演をおこなう。
おもな著書：『新時代を生き抜く越境思考』『「推される部署」になろう』『バリューサイクル・マネジメント』『組織の体質を現場から変える100の方法』『職場の問題地図』『マネージャーの問題地図』『業務デザインの発想法』『仕事ごっこ』。趣味はダムめぐり。＃ダム際ワーキング 推進者。

 X https://twitter.com/amane_sawatari

石山恒貴（いしやま のぶたか）
法政大学大学院政策創造研究科　教授

一橋大学社会学部卒業、産業能率大学大学院修士課程修了、法政大学大学院博士後期課程修了、博士（政策学）。NEC、GE、米系ライフサイエンス会社を経て、現職。日本キャリアデザイン学会副会長、人材育成学会常任理事、Asia Pacific Business Review（Taylor & Francis）Regional Editor、日本女性学習財団理事、産業・組織心理学会理事、人事実践科学会議共同代表、フリーランス協会アドバイザリーボードなど。
おもな著書：『定年前と定年後の働き方』光文社、『カゴメの人事改革』（共著）中央経済社、『越境学習入門』（共著）日本能率協会マネジメントセンター、『日本企業のタレントマネジメント』中央経済社など。
おもな受賞：日本の人事部「HR アワード2023」書籍部門最優秀賞（『カゴメの人事改革』）、日本の人事部「HR アワード2022」書籍部門最優秀賞（『越境学習入門』）、経営行動科学学会優秀研究賞（JAAS アワード）（2020）『日本企業のタレントマネジメント』、人材育成学会論文賞（2018）など。

 X https://twitter.com/nobu_ishiyama

伊達洋駆（だて ようく）
株式会社ビジネスリサーチラボ　代表取締役

神戸大学大学院経営学研究科 博士前期課程修了。修士（経営学）。2009年にLLPビジネスリサーチラボ、2011年に株式会社ビジネスリサーチラボを創業。以降、組織・人事領域を中心に、民間企業を対象にした調査・コンサルティング事業を展開。研究知と実践知の両方を活用した「アカデミックリサーチ」をコンセプトに、組織サーベイや人事データ分析のサービスを提供している。著書に『60分でわかる！心理的安全性 超入門』（技術評論社）や『現場でよくある課題への処方箋 人と組織の行動科学』（すばる舎）、『越境学習入門 組織を強くする「冒険人材」の育て方』（共著；日本能率協会マネジメントセンター）などがある。2022年に「日本の人事部 HRアワード2022」書籍部門 最優秀賞を受賞。

X https://twitter.com/y_date

［ブックデザイン］　dig
［イラスト］　U35
［組版・作図］　白石知美、安田浩也（システムタンク）
［編集］　傳 智之

［ **お問い合わせについて** ］

本書に関するご質問は、Webサイトの質問用フォームでお願いいたします。
電話でのお問い合わせにはお答えできません。
ご質問の際には以下を明記してください。

- 書籍名
- 該当ページ
- 返信先（メールアドレス）

お送りいただいたご質問には、できる限り迅速にお答えするよう努力しておりますが、お時間をいただくこともございます。
なお、ご質問は本書に記載されている内容に関するもののみとさせていただきます。

［ **問い合わせ先** ］

株式会社技術評論社　書籍編集部　「EXジャーニー」係
Web：https://gihyo.jp/book/2024/978-4-297-14457-9

EXジャーニー
～良い人材を惹きつける従業員体験のつくりかた～

2024年 11月 27日　初版　第 1 刷発行

著者	沢渡あまね、石山恒貴、伊達洋駆
発行人	片岡巌
発行所	株式会社技術評論社
	東京都新宿区市谷左内町21-13
	電話　03-3513-6150　販売促進部
	03-3513-6185　書籍編集部
印刷・製本	日経印刷株式会社

定価はカバーに表示してあります
製品の一部または全部を著作権法の定める範囲を超え、無断で複写、複製、転載、テープ化、ファイルに落とすことを禁じます。
造本には細心の注意を払っておりますが、万一、乱丁（ページの乱れ）や落丁（ページの抜け）がございましたら、小社販売促進部までお送りください。送料小社負担にてお取り替えいたします。

©2024 沢渡あまね、石山恒貴、伊達洋駆
ISBN978-4-297-14457-9　C0036
Printed in Japan